EXAMEN DE CONSCIENCE

A L'OCCASION DE

LA GUERRE D'ORIENT.

IMPRIMERIE DE E. GUYOT ET STAPLEAUX FILS,
Rue de Schaerbeek, 12.

EXAMEN DE CONSCIENCE

A L'OCCASION DE LA

GUERRE D'ORIENT

PAR

Le Comte de Ficquelmont.

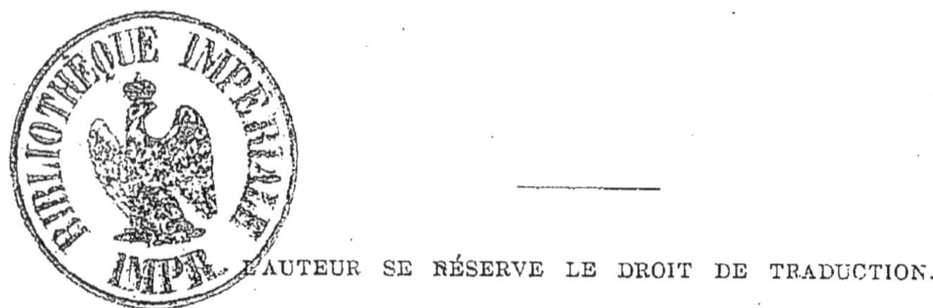

L'AUTEUR SE RÉSERVE LE DROIT DE TRADUCTION.

BRUXELLES.

MELINE, CANS ET COMPAGNIE,

BOULEVARD DE WATERLOO, 55.

1856

EXAMEN DE CONSCIENCE

A L'OCCASION DE

LA GUERRE D'ORIENT.

I

EXAMEN

DES POSITIONS PARTICULIÈRES ET DES POSITIONS RELATIVES
DES PUISSANCES BELLIGÉRANTES.

Au moment de livrer à la publicité un fragment destiné à prendre sa place dans un travail plus étendu, nous croyons nécessaire d'exposer les motifs d'une publication qui pourrait, seule et isolée, paraître un hors-d'œuvre sans liaison, comme le serait un mouvement d'impatience, et qui, dans tous les cas, prendrait une autre couleur que celle qu'il a été dans notre intention de lui donner.

C'est donc pour être compris des personnes qui voudront bien honorer cet opuscule de leur attention que nous nous devons à nous-même de dire comment nous sommes venu à la composition de ce fragment et pourquoi nous en faisons la publication.

Comme tous les hommes qui se sont occupés de la crise actuelle, pour apprécier les chances favorables qu'elle peut amener, ou pour calculer les dangers qu'elle peut faire naître, nous avons été frappé de la difficulté des positions.

Tout le monde veut la paix, à l'exception de l'Angleterre, qui déclare hautement vouloir faire encore la campagne de la Baltique. Elle ne veut pas sacrifier le triomphe dont ses immenses armements lui donnent la certitude; elle pourrait se tromper, car elle va attaquer la Russie dans le centre de sa puissance. Cependant, comme les deux puissances maritimes ne peuvent pas se séparer, en restant à mi-chemin de leur entreprise, la guerre se fera; car, probablement, les conditions de la paix exigées de la Russie seront de telle nature, mais surtout accompagnées de telles formes, qu'elle ne pourra pas les accepter; et c'est ce que veut l'Angleterre. *Le dire, ce n'est que répéter ce qu'elle dit elle-même.*

Après deux campagnes qui ont causé des pertes et des dépenses considérables à toutes les puissances belligérantes, aucune d'elles n'a fait un seul pas volontaire en dehors des premières positions prises, qui serait de nature à conduire à un rapprochement. Elles sont restées fortement stationnaires, chacune d'elles sur son premier terrain.

Cependant la Russie a perdu une partie de ses positions secondaires.

LA RUSSIE.

Il faut dans ce moment fixer la position de la Russie telle qu'elle l'avait prise et telle que les événements viennent de la lui faire.

La Russie a répondu à la déclaration de guerre de la Porte, à la suite et pour cause de l'occupation des principautés, par un manifeste de guerre religieuse. Le peuple russe était appelé aux armes pour la défense de sa foi, pour la défense de l'orthodoxie.

Depuis que la Russie était parvenue à faire sortir les Turcs des territoires que l'on doit regarder comme faisant partie du continent russe, savoir : les rives septentrionales de la mer d'Azof, toute la Podolie, qu'elle les a, par l'acquisition de la Bessarabie et par l'émancipation politique des deux principautés, rejetés entièrement au delà du Danube, il était devenu tout à fait impossible à l'empire turc, bien plus particulièrement encore depuis le traité d'Andrinople, de nuire de quelque manière que ce fût aux intérêts matériels de la Russie. Le gouvernement russe avait tellement la conviction que le peuple russe vivait, sous ce rapport, dans la plus entière sécurité, que, toutes les fois qu'il s'agissait en Russie d'une guerre contre la Turquie, ce ne fut jamais pour la défense de l'empire ; on était trop fier du sentiment de sa supériorité pour admettre la possibilité qu'il fût menacé ; on n'eût pas même voulu en laisser entrevoir la pensée. Il ne fut donc plus jamais question pour les Russes que de la défense de leur foi orthodoxe.

Or, voici la singularité de cette position.

Personne n'avait jamais admis nulle part qu'il fût possible à qui que ce fût de venir menacer l'Église russe en Russie, et personne n'admettait qu'il y eût une puissance en Europe qui eût nourri le projet de le faire. Ainsi tout le monde comprenait en Russie, et c'est aussi de la même manière qu'on devait le comprendre en Europe, qu'il s'agissait pour la Russie d'affranchir l'Église de Constantinople du joug sous lequel elle gémissait depuis si longtemps.

C'est ce syllogisme tout simple et tout naturel qui a mis dans toutes les têtes russes l'idée que la Russie devait prendre Constantinople, et dans toutes les têtes de l'Europe, que la Russie le voulait. On était d'autant plus autorisé à le croire et à le craindre, que la cour de Russie avait déclaré ne jamais vouloir consentir au rétablissement de l'empire grec. On disait donc que c'était à son profit que la Russie voulait à la fois délivrer l'Église grecque et son ancienne capitale.

Cependant les événements ont prouvé par le développement qu'ils ont pris que le cabinet russe n'avait établi aucun concert préalable pour l'exécution d'une pareille entreprise *avec personne, absolument avec personne, pas même avec les Grecs ; car on ne pouvait pas leur dire : « Nous voulons prendre Constantinople, aidez-nous ; mais ce ne sera pas pour vous. »*

Il y avait donc au fond de cette affaire plus de bruit que de réalité. Personne ne pouvait le croire, ce qui finit par donner à toutes les positions quelque chose hors de mesure. On cherchait la vérité dans les faits. Elle n'y était pas.

Il ne pouvait pas en être autrement ; car, dès le moment que la Russie s'était opposée à la restauration politique de l'empire grec, ce qui peut se comprendre, la position religieuse qu'elle voulait prendre en Orient manquait absolument de base. Son point de vue, devenu exclusivement russe, était trop faible.

Le seul élément religieux qui ait quelque consistance en Orient est celui de l'Église de Constantinople. Le concordat accordé à l'Église byzantine, par Mahomet II, au moment de sa conquête, a toujours été observé depuis. Les chrétiens de toutes les confessions furent réduits en esclavage ; c'était la loi du Coran. Leur condition devint la plus misérable qui se puisse concevoir. Mais l'Église byzantine seule resta libre sous tous les rapports, de sa foi, de sa hiérarchie et de sa discipline intérieure. Ce ne fut que successivement et partiellement que les chrétiens des autres communions obtinrent par l'intervention de leurs princes quelques franchises, quelque protection ; mais ils sont toujours restés dans un état de grande infériorité en le comparant à celui qui était assuré à l'Église grecque.

Si cette Église a été plus tard ébranlée et affaiblie, c'est bien plutôt le gouvernement russe lui-même qui en fut la cause la plus immédiate et la plus efficiente, par son acte de séparation du centre de l'unité de l'orthodoxie, que les persécutions qui ont été de temps à autre exercées contre ses premiers dignitaires, ce qui avait lieu comme le moyen de compression le plus direct que le gouvernement turc employât pour étouffer des conspirations chrétiennes ; mais après chacune de ces crises l'Église se retrouvait en possession de toute son organisation intérieure.

On disait à Pétersbourg que l'Église de Russie ne pouvait rester dépendante d'une Église captive ; que d'ailleurs cette Église était corrompue au dernier point ; qu'une simonie patente et sans mesure était son état habituel ; que le patriarche vendait les évêchés pour avoir les moyens d'acheter son élection ; que les évêques vendaient les cures pour payer leur nomination, et qu'enfin, au dernier échelon, les curés mettaient tous les services de l'Église à prix, d'abord pour vivre, puis ensuite pour payer les évêques.

Sous ce rapport l'Église russe est entièrement pure, car elle ne peut rien acheter, ni rien vendre, puisqu'elle n'a pas le droit de possession.

Et cependant c'est son appauvrissement qui fait sa force. Elle est dominée, comme l'ont toujours été et comme le seront toujours les grandes corporations, du désir, on pourrait dire plus, dominée par le besoin d'arriver une fois à ressaisir ce qu'elle a perdu. L'activité qu'elle montre excite son zèle religieux jusqu'au fanatisme et jusqu'à pousser, dans la circonstance du jour, toutes les populations à la guerre religieuse, parce que les résultats heureux qu'elle se promettait de cette guerre devaient, suivant ses calculs, lui rendre, sinon toute, au moins une partie de son ancienne puissance.

Le but secret de cette guerre de religion a donc été bien plutôt d'étendre la domination de l'Église russe sur l'Orient que d'affranchir l'Église de Constantinople.

Des dispositions fort intempestives, prises par le synode de St.-Pétersbourg pour introduire la liturgie russe dans les églises moldo-valaques à la place de celle de l'Église byzantine, n'ont laissé de doute à personne en Orient. Ces dispositions étaient intempestives, parce qu'elles furent prises dès les premiers temps de l'occupation, situation temporaire qui, d'après les règles les plus simples du droit public, ne pouvait donner au synode le droit d'agir ainsi.

Il faut abandonner la discussion de ce conflit religieux à ceux qui des deux côtés s'y trouvent impliqués, les uns pour conquérir une place qu'ils n'ont pas, les autres pour conserver celle qu'ils possèdent depuis des siècles.

Il faut laisser de même la partie dogmatique de la religion à ceux qui ont à l'enseigner et à la défendre contre ceux qui voudraient l'attaquer.

Mais le premier soin de ceux qui ont charge de gouverner les États sera toujours de chercher, sous le rapport religieux, à maintenir la paix entre les hommes de confessions différentes. Leur premier devoir sera donc aussi toujours d'écarter des lois, comme de la politique, ce qui placerait les fidèles des différentes confessions chrétiennes en état d'hostilité permanente les uns contre les autres.

Que l'on considère ce qui doit nécessairement résulter d'un système qui prend pour base de sa puissance à l'intérieur et pour principe de mouvement de sa politique à l'extérieur une religion rendue hostile à tout ce qui est hors d'elle, et que peut espérer un gouvernement qui ne sait mettre les forces de son peuple en action qu'au moyen de manifestes de guerre de religion? Aucun doute n'est plus permis à cet égard depuis que nous voyons combien il a fallu peu de temps pour faire perdre à la Russie le haut degré de prépondérance politique qu'elle avait su conquérir.

Il serait superflu et trop long pour le but spécial que nous nous proposons dans ce moment d'entrer dans les détails des événements qui ont amené ce résultat; ils doivent être clairs pour tout le monde.

Pour continuer le système moderne qu'elle a pris, il faudrait que la Russie s'isolât entièrement de tous les autres peuples chrétiens; qu'elle renonçât à la vie de l'Europe, aux mœurs de laquelle elle s'était associée d'une manière aussi élevée que distinguée. Il faudrait alors que les territoires russes devinssent une vaste Thébaïde ascétique, dans laquelle on ne serait plus occupé que du salut des âmes. Il faudrait se séparer de la civilisation tout entière, et, si l'on craint ses vices, comme on le dit, il faudrait avoir le courage de se séparer de toutes ses douceurs et de cette élégance exquise qui nulle part cependant n'avait été mieux appréciée et mise en pratique qu'en Russie.

Si les hommes du gouvernement disent qu'ils n'ont jamais entendu vouloir pousser les rigueurs de la vie religieuse jusqu'à cette extrémité, nous leur dirons que les principes veulent irrémissiblement leurs conséquences; que quand on proclame par ses lois, comme par tous ses actes politiques, que le seul mobile d'action du pays doit être sa foi, que cette foi doit prendre dans le monde la place de suprématie qui n'appartient qu'à la vérité, il doit en résulter nécessairement ou l'asservissement du monde, ou, dans le cas d'une résistance victorieuse, l'isolement du pays avec toutes ses inévitables conséquences.

S'ils ne le veulent pas ainsi, ils doivent alors quitter la rigidité dogmatique dont ils sont animés, dont ils ont puisé les doctrines dans des historiens rétrogrades qui, pour dire autre chose que les contemporains, ont dit au peuple que Pierre le Grand avait détruit la vieille et sainte Russie; qu'il fallait la rétablir.

Mais ces hommes devraient se dire, qu'*aucun dogme religieux ne peut annuler le libre arbitre, qui est la loi morale que Dieu a donnée à l'homme. C'est la loi chrétienne.* Aucun chrétien d'aucune confession ne peut donc avoir le droit d'imposer sa croyance à d'autres. Dès que la tolérance la plus entière n'existe pas, n'existe plus le libre arbitre ; avec la cessation du libre arbitre cesse le christianisme tout entier et recommence le fatalisme du paganisme. Il est impossible de sortir de ce dilemme moral et religieux tout à la fois.

Telle est cependant la position dans laquelle a été placée l'orthodoxie russe en la constituant comme religion d'un État qui est bien loin d'être exclusivement composé de Russes. Il doit en résulter une lutte perpétuelle entre des chrétiens de différentes nationalités, de différentes confessions, destinés à vivre en communauté politique.

Mais il est, sous ce rapport, entièrement libre à la Russie de penser comme elle le voudra. Elle peut se croire la seule dépositaire des vérités évangéliques ; elle peut croire qu'elle seule soit restée fidèle aux pratiques des institutions primitives de l'Église chrétienne ; elle peut se dire la sainte Russie, la terre sainte de la nouvelle alliance. Pas un seul Européen ne viendra, pour toutes ses nouvelles convictions, lui tirer un seul coup de fusil. Les autres confessions chrétiennes pourront contredire ses croyances ; cette lutte de la foi, restreinte dans les limites d'une discussion purement dogmatique, pourra peut-être rendre la foi plus vive des deux côtés ; car une des faiblesses de l'homme est de se laisser facilement exciter par la contradiction à la défense de convictions contraires. Il en jaillit quelquefois de nouvelles lumières ; mais une lutte de cette sorte ne fait de mal à personne.

Nous sommes convaincu que c'est avec une entière sincérité que la Russie se montre animée de l'ardeur que lui donnent les deux premières vertus théologales, la *Foi* et l'*Espérance*. Mais elle n'a pas la troisième de ces vertus, la *Charité* ; car la Charité théologale, ce qui veut dire la charité chrétienne, n'est pas cette vertu qui fait des largesses à plus pauvre que soi. L'aumône est de toutes les confessions ; elle est même, et cela soit dit à l'honneur de l'humanité, de toutes les religions. Mais la charité chrétienne n'appartient qu'au christianisme. C'est cette vertu de l'âme qui la pénètre de sa douce ardeur et qui lui donne la faculté de s'approcher de l'erreur, sans jamais blesser une autre conscience, sans jamais irriter d'autres convictions (car l'erreur a aussi les siennes), sans jamais lui faire sentir ce rigide orgueil que montre si souvent la vérité, quand elle n'a pas le sentiment de charité pour guide.

C'est par cette raison que l'Église grecque et l'Église catholique ont, toutes deux, fait une si grande place au culte de la Vierge. Ce culte est l'inauguration de la femme à tous les mystères, à tous les trésors de la charité chrétienne, dont la sainte Vierge est l'intarissable source.

La mission de la femme dans le monde chrétien est une mission de douce persuasion, d'amour, de paix et de continuelle, nous dirons même de perpétuelle médiation entre les hommes. Chacune peut y trouver sa place et son rôle à remplir.

Tandis que les sœurs de la charité vont, avec un amour du prochain plein de courage et d'abnégation de soi-même, secourir les blessés sur les champs de bataille, les matrones chrétiennes, placées à une sphère de plus haute intelligence, doivent sans cesse travailler dans toutes les voies de la persuasion et de la médiation à prévenir l'usage de la force, qui remplit les hôpitaux de blessés et de malades.

Ces sentiments commencent à se faire jour. Malgré les manifestes et malgré les ordres du jour que donnent les généraux russes pour exciter leurs soldats au combat, les soldats alliés ne tirent cependant sur les Russes que parce que les puissances alliées font la guerre à la Russie, mais nullement à son Église.

Toutes les négociations suivies par le cabinet russe prouvent que le gouvernement russe a acquis la conviction de la prépondérance de la question politique sur la question religieuse. Sous ce rapport, la Russie a perdu le terrain dont elle avait voulu faire son champ de bataille. Les mauvais succès de la guerre qu'elle a faite n'ont plus laissé aux chrétiens aucun espoir dans l'efficacité de son secours. L'apparition des puissantes flottes et des nombreuses armées chrétiennes dans toutes les eaux et dans toutes les provinces du Levant, a fait naître d'autres motifs d'espoir ; les événements ont eu lieu sur une trop grande échelle pour ne pas avoir donné à toutes les populations chrétiennes la conviction que d'autres voies d'affranchissement leur étaient ouvertes. *La Russie redeviendra l'alliée des puissances chrétiennes pour consolider, pour régulariser cet affranchissement, mais ce ne seront plus ni ses canons, ni ses martyrs qui pourraient seuls parvenir à le fonder.*

Afin de montrer d'une manière qui soit évidente pour tout le monde, sans en excepter les Russes eux-mêmes, ce qu'est devenue la question religieuse, comme moyen de prise d'armes, il suffira d'arrêter quelques instants son attention sur ce qui s'est passé entre les armées pendant les campagnes de Crimée.

Il n'y a pas eu un seul fait pendant le cours de ces batailles si disputées et de ce siége si long et si meurtrier qui pourrait indiquer que les troupes alliées eussent été animées au combat par suite de fanatisme religieux, et si quelques paroles imprudentes prononcées loin du théâtre de la guerre eussent pu faire présumer que cette guerre avait déjà pris et qu'elle prendrait davantage encore le caractère d'une véritable croisade religieuse, n'a-t-on pas vu des faits immenses contredire cette pensée?

Quand l'ardeur de la lutte avait entassé les uns sur les autres des morts de toutes les couleurs d'uniformes, de manière à en former des montagnes ; quand la grandeur du massacre avait enfin décidé du sort d'une journée,

une trêve était aussitôt accordée que demandée, afin que
des deux côtés on pût reprendre ses morts, les ensevelir
et donner des secours aux blessés qui gisaient pêle-mêle
au milieu des morts et des mourants ; et ces secours
étaient donnés, sans qu'il y eût aucune distinction
entre l'homme et la souffrance. Cette souffrance était
son titre au secours qui lui était donné ; la main qui
le donnait ne faisait pas sentir qu'elle était celle d'un
ennemi ; le blessé ne voyait que la main d'un chrétien,
d'un soldat compagnon de douleur. Non, les devoirs envers son pays et la religion du drapeau suffisent à l'honneur comme au courage des batailles, sans qu'il soit
nécessaire de chercher des martyrs au lieu de soldats ;
ces martyrs ne tombent que trop souvent victimes à la
fois d'un aveugle fanatisme et de la complète ignorance
dans laquelle on les laisse des choses d'ici-bas.

Les Russes éclairés prétendent que leur gouvernement
ne peut agir autrement, parce que le peuple russe ne
peut être excité à de grandes actions et à de grands sacrifices qu'en vertu de l'exaltation de sa foi.

Il suffit d'énoncer ce fait pour le juger : n'en parlons
donc pas.

Nous avons encore d'autres enseignements à tirer des
souffrances qui ont été communes à toutes les armées
belligérantes.

On a vu les Russes, comme les Français, les Anglais,
comme les Turcs et les Égyptiens, mourir tous et partout
du choléra, voisins ou éloignés les uns des autres, avec

les mêmes symptômes, avec les mêmes douleurs. On a vu le même typhus ravager partout leurs hôpitaux. On les a tous vus souffrir de la même manière des excessives rigueurs du climat, des privations de la soif et de la faim. La mort inflexible prenait ses victimes, sans jamais demander à aucune d'elles à quelle confession elle appartenait.

Devant cette terrible égalité des misères humaines, l'ardente circulation d'un sang fanatique ne se ralentirait-elle donc pas? n'hésiterait-on pas à ajouter d'autres fureurs à tant de douleurs? La religion doit être et rester chose trop sacrée parmi les hommes pour être mise, comme on l'a fait, au service des intérêts matériels des nations. Elle a été la cause de la plus grande partie des immenses désordres des temps obscurs du moyen âge. Gardons-nous bien de les faire renaître sous une autre forme qui ne ferait peut-être que remplacer les vices grossiers de l'ignorance par les vices raffinés de la civilisation.

Nous croyons avoir dégagé la question religieuse du côté de la Russie des nombreuses contradictions qui la rendaient difficile à comprendre. Bien que ce travail soit aussi succinct que l'exigeaient des feuilles qui ne sont que des feuilles volantes, le voile religieux qui la recouvrait est cependant tombé, et nous pouvons, en face d'une vérité constatée, passer à l'examen de la position que prirent les deux puissances alliées au commencement de leur guerre contre la Russie. Personne n'avait encore voulu reconnaître alors la faiblesse militaire de la position du midi de l'empire de Russie relativement à la Turquie. Les événements l'ont prouvée; elle est devenue claire pour tout le monde, même pour les Russes.

L'AUTRICHE.

Depuis un siècle, c'est-à-dire depuis la paix de Belgrade, personne ne tenait plus compte de l'Autriche, ni en Orient, ni en Russie. L'habileté diplomatique palliait quelquefois cette faiblesse, mais elle ne trompait personne. L'anarchie politique de la Hongrie, prolongée pendant toute cette époque, avait totalement anéanti l'influence qu'eût pu prendre l'Autriche à la fois sur Constantinople et sur Pétersbourg. Il arriva donc que cet empire, dont les frontières s'étendaient depuis les bords de la mer Adriatique, sans aucune interruption, jusqu'à la Valachie, ne prenait plus d'autre soin que celui de se garantir des dangers de la peste, tandis que la Russie, qui ne possédait sur le continent d'Europe d'autre point de contact avec la Turquie que sa très-courte frontière depuis l'embouchure du Pruth jusqu'à la mer Noire, exerçait sur la Turquie tout entière une influence à laquelle nulle autre ne faisait contre-poids.

Il est clair que ce système ne pouvait être basé que sur la suprématie maritime de la Russie dans la mer Noire. Le siége et la prise de Varna, en 1828, ont montré sa force et ses avantages. Mais, depuis que la Russie a perdu sans retour cette suprématie et que, si les chances que tout le monde désire venaient à se réaliser, la mer Noire deviendrait strictement une mer marchande, la possession du delta du Danube n'a plus aucune valeur pour l'empire de Russie. *L'empire d'Autriche restera donc en Europe le seul État limitrophe de la Turquie.*

Depuis que les parties qui composaient cet empire, longtemps politiquement isolées les unes des autres, se trouvent toutes soumises à la même autorité souveraine, et qu'elles sont gouvernées et administrées d'après les mêmes lois, cet empire, ainsi constitué, forme un corps politique assez indépendant, assez puissant pour défendre la Turquie contre ceux qui voudraient attaquer ses provinces du continent européen ; mais, d'un autre côté, en état de s'opposer à la Turquie elle-même, si un avenir, toutefois peu probable, devait de nouveau la rendre menaçante.

Par sa position géographique l'empire d'Autriche est si solidement constitué que, comme corps politique, il possède une puissance d'inertie inhérente à sa position, puissance qu'il peut, chaque fois qu'il le trouvera nécessaire, développer comme force d'action.

LES PUISSANCES OCCIDENTALES ET LA CIVILISATION.

Tout ce qui, dans ces diverses positions, est devenu visible à tous les yeux ne l'était pas encore quand les deux puissances alliées prirent la résolution de faire la guerre à la Russie, qui se trouvait entourée d'un grand prestige de force matérielle et de force morale. Les deux puissances avaient le sentiment de la supériorité de leurs forces matérielles ; mais leur force morale, en Europe, n'avait encore aucune couleur ; il fallait lui en donner une.

Les deux pays tinrent conseil.

L'Angleterre, fidèle à ses principes, inclinait à prendre pour motif de la guerre la défense des peuples libres contre les attaques du despotisme du Nord. Elle disait que la Russie voulait partout mettre le pouvoir absolu à la place des institutions libérales, même à la place de ces nuances, diversement tempérées, qui remplissent l'espace qu'il y a entre le pouvoir absolu et la liberté absolue.

Mais la défense des idées libérales, telle que l'a toujours conçue et pratiquée l'Angleterre, avait été aussi toujours inséparable du mouvement des révolutions.

Or, le chef du nouvel empire français avait déclaré

vouloir mettre fin aux révolutions de France. Il avait commencé à mettre son projet à exécution avec autant de courage que d'habileté.

Mais Louis-Napoléon était d'un esprit trop logique et trop transcendant pour ne pas avoir senti combien il affaiblissait sa position, en excitant et soutenant hors de France ce qu'il voulait et veut encore réprimer en France.

Les deux puissances alliées ne purent donc pas prendre comme base de leur alliance la déclaration telle que la désirait l'Angleterre.

Cependant, en face de la position prise par la Russie, au début de cette guerre, les alliés sentaient la nécessité de renforcer leur position ; il fallait donc prendre une résolution. Quand les Russes annonçaient hautement le projet d'appeler tous les chrétiens de l'Orient à prendre les armes pour la défense de leur foi, les alliés, voulant avoir pour eux l'assentiment de l'opinion publique et grouper autour d'eux les peuples qui voudraient s'unir à leur alliance, déclarèrent qu'ils prenaient les armes pour la défense de la civilisation que la Russie voulait détruire.

On peut, pour quelque temps peut-être, voiler l'histoire, mais il est impossible de la faire mentir. Il n'y a eu dans aucun temps de l'histoire de l'Europe aucun fait d'une aussi éclatante lumière que la civilisation de toutes les immenses surfaces des terres de la Russie, les unes rapprochées, les autres lointaines, les unes plus ou moins peuplées, les autres encore désertes, toutes appelées à la civilisation par Pierre le Grand. Toutes ont répondu à cet appel, et avec quel succès, tout le monde le sait ; il serait donc inutile de le redire. Pour donner cependant plus de précision à la pensée, il ne faudra que citer quelques dates.

C'est en 1703 que Pierre le Grand fonda Pétersbourg au milieu d'un marais où l'on ne voyait que quelques huttes destinées à rentrer du foin, et cette capitale telle qu'elle est devenue n'est cependant pas la création la plus étonnante de ces lieux qui avaient toujours été sauvages, inhospitaliers. Ce qu'il faut plus admirer qu'une ville, c'est le surprenant triomphe remporté sur la nature, c'est cette succession non interrompue de palais, de villas, de jardins, plus féeriques les uns que les autres, qui bordent toute la côte, qui entourent Pétersbourg de toutes parts. Ce sont ces nombreuses îles entre la Néva et la Newka, couvertes de fleurs, de serres chaudes, de jardins botaniques, impériaux et particuliers, où l'on voit les forêts qui s'étendent depuis le Ladoga jusqu'à Arkangel, dont tous les arbres pourrissaient encore naguère sur leurs propres troncs, se convertir en fleurs, en fruits, en plantes exotiques de toutes les zones. C'est là une œuvre de civilisation bien supérieure à celle des architectes qui bâtissent des villes.

Le même esprit, la même activité, s'étaient emparés du nord et du centre de la Russie.

La civilisation du midi ne commença qu'un siècle

plus tard ; il était encore, alors, au pouvoir des Turcs. Après leur expulsion, la civilisation ne s'y développa que d'une manière plus lente ; du soleil, de l'herbe et du grain suffisent au bétail et à l'homme qui le garde, mais ne suffisent pas à la fondation d'un État civilisé. Pendant que Pétersbourg rivalisait déjà avec les anciennes magnificences de l'antique capitale, pendant que ces deux métropoles étaient devenues le siége des arts et des sciences, où de tous les points du pays on venait chercher des leçons et des exemples du nouveau savoir-vivre, la plage d'Odessa était encore déserte au commencement du siècle, la ville à peine une bourgade ; on sait ce qu'elle est devenue, grande mais seulement entrepôt de commerce. La Crimée n'avait que des Tatars et des troupeaux ; la côte méridionale devint bientôt une succession de lieux de plaisance. Les rives de la mer d'Azof se peuplèrent de bourgades et de villes plus ou moins considérables, mais nombreuses, dans lesquelles s'établirent, selon l'avantage des positions, des entrepôts de plus ou moins grande valeur.

M. le prince de Woronzoff, gouverneur général de tout ce midi de la Russie, vouant ses soins éclairés à en favoriser le développement, avait fait venir des pêcheurs anglais pour enseigner leur art aux populations riveraines de la mer Noire, mais particulièrement à celles de la mer d'Azof. On y établit de nombreuses pêcheries qui ne tardèrent pas à prospérer.

La pêche est l'exploitation du propre fonds de la mer,

comme l'agriculture est l'exploitation du sol continental. Il y a parfaite analogie là où le droit de propriété est assuré.

La nouvelle civilisation exploitait avec succès les pêcheries nouvellement établies ; une ancienne civilisation vient de les détruire sans laisser subsister un seul filet.

C'est comme si une armée de terre détruisait tous les instruments aratoires d'une contrée pour empêcher la production parce qu'on vend les grains et que l'on peut alors employer l'argent à faire la guerre.

La même logique fut suivie dans la mer Baltique, sur les côtes de la Finlande et du golfe de Bothnie.

C'est en vertu de cette même logique que tous les magasins de bois furent incendiés, parce que le bois peut servir à construire des vaisseaux ; mais les incendiaires n'avaient-ils donc pas remarqué que, dans ces régions boréales, toutes les habitations, villes, villages, fermes et métairies sont toutes construites en bois et que ce n'est pas toujours la pauvreté qui les fait construire ainsi, mais l'expérience acquise que les habitations en bois sont plus chaudes que celles qui sont construites en pierre ? Ce sont des souvenirs des Normands, qui ravageaient et pillaient les côtes parce qu'ils ne pouvaient pas entrer dans les terres. Ce n'est en vérité pas la peine de vieillir et de se faire savant pour recommencer tous les vices de son enfance.

Si nous reprenons la marche de la civilisation vers

le nord-est de l'empire de Russie, nous la trouvons arrivée à l'Oural; elle a pénétré dans les provinces sibériennes, pour porter des hommes, de la lumière et de la sécurité dans ces régions où, depuis le commencement du monde, on avait à peine aperçu la face humaine. Et c'est un pareil travail que voudrait étouffer la Russie! et pourquoi? pour rendre aux frimas tout leur empire! Il n'y aurait certes pas de sens à le penser et il y aurait encore bien moins de vérité dans les paroles qui le diraient.

Mais ce n'est que hors de chez elle que la Russie veut, dit-on, détruire la civilisation; c'est la nôtre que nous voulons défendre.

Mais quels moyens aurait donc la Russie de la menacer? Il n'existe pas un seul point du globe en possession de la Russie hors de chez elle d'où elle pourrait être hostile et dangereuse à qui que ce fût. Elle n'a pas à elle un seul point de relâche pour y abriter ceux de ses vaisseaux qui vont quelquefois faire des voyages d'explorations géographiques et scientifiques.

Elle va voir et étudier pour sa propre instruction la marche progressive que suivent les autres parties du monde; mais elle n'a trahi nulle part l'intention de porter aucune atteinte ni aux hommes ni aux choses.

Ce qu'elle ne pourrait pas dans les parties les plus faibles encore de la civilisation, le pourrait-elle en Europe, qui est le siége de sa plus grande puissance? C'est une de ces idées qui ne supportent pas une discussion serieuse. Nous ne ferons donc pas usage des nombreux arguments que nous aurions encore à employer.

Y a-t-il eu quelque erreur dans les déclarations qui ont été faites de part et d'autre? Aucune. Mais alors pourquoi donc des manifestations si éloignées de la vérité?

Nous sommes les témoins du fait le plus extraordinaire qui se puisse voir ; nous voyons le choc, presque gigantesque, de trois grands corps politiques qui se heurtent pour deux motifs imaginaires : la Russie pour la défense de sa foi, que personne ne menace ; les deux puissances occidentales et leurs alliés, pour la défense de leur civilisation, que la Russie ne veut pas attaquer et qu'elle ne pourrait pas attaquer, quand même elle le voudrait. Cependant les moyens engagés sont trop considérables, la guerre exige de trop grands sacrifices pour qu'il y ait absence totale de vérité.

La vérité la voici : la lutte est une lutte de prépondérance politique, et personne n'a voulu le dire. La Russie n'a pas voulu le dire, parce que cette idée n'eût pas excité le peuple russe à la guerre. Ce peuple a le sentiment de la grandeur, de la force de son pays ; s'il a des désirs, s'il attend des améliorations pour sa position, il sent que c'est de son gouvernement qu'il doit les attendre et qu'une guerre étrangère, de caractère simplement politique, ne les lui donnerait pas. Il a donc fallu, pour soutenir cette lutte, lui faire prendre un voile religieux. Une lutte de prépondérance politique, dans la position dans laquelle la Russie se trouvait, n'est qu'une lutte de préséance diplomatique dont les agents secondaires aimaient à se donner la jouissance aux dépens des intérêts de l'empire; le cabinet lui-même était trop habile pour y chercher ce genre de plaisir. Cette préséance plaisait également aux classes élevées, qui y trouvaient l'occasion de donner plus d'importance à leur position individuelle. Le pays n'avait rien du tout à y gagner.

Les deux puissances alliées ne pouvaient également pas prendre une lutte de prépondérance politique pour le motif de la guerre qu'elles engageaient. Il n'eût obtenu qu'un assentiment très-partiel de la part du public européen. Si la Russie a exercé de la prépondérance sur les États qui lui sont limitrophes et sur d'autres États secondaires, personne ni en France, ni bien particulièrement pas en Angleterre, n'aurait voulu convenir que la Russie était d'un poids plus prépondérant que celui de ces deux pays; l'admettre eût été descendre de sa propre position. Il y a dans plusieurs parties de l'Europe beaucoup d'intérêts en souffrance; ceux qui souffrent savent bien en reconnaître la cause; ils savent donc bien qu'elle ne vient pas de la prépondérance russe.

Mais, s'il en est ainsi, d'où provient donc le sentiment de l'hostile répulsion qui s'est manifestée en Europe contre la Russie? Une cause qui n'eût été qu'imaginaire n'eût certainement pas pu suffire à produire une pareille unanimité. Il nous reste donc à chercher la raison de cette unanimité.

Il y en a deux de nature diverse.

L'une qui se cache encore dans les entrailles de l'ordre social. La révolution de 1848 a laissé beaucoup d'espoirs déçus; comme on ne peut plus dire ce qu'on désirait alors, on ne peut pas dire ce qu'on regrette; on ne peut accuser personne, mais la mauvaise humeur s'est fait jour de toutes parts. Laissons cette humeur se traiter et se guérir elle-même, si elle le peut; retournons à parler de faits positifs.

Il est positif que la Russie a suscité contre elle un gros orage à l'occasion de la navigation du Danube. Tout le monde en Europe avait souffert des obstacles qu'elle y a mis, ou qu'elle a laissés naître.

Il y a dans les États deux sortes de malversations : l'une qui consiste à détourner des fonds publics par dol et par fraude; c'est un crime dont les tribunaux font justice.

Il y a une autre sorte de malversation plus insidieuse, de plus difficile surveillance, qui fait bien plus de mal et qui consiste à faire prévaloir des intérêts privés et particuliers sur les intérêts publics.

L'ensablement des bouches du Danube doit être cité comme le plus mémorable exemple de ce genre de malversation.

Quelques mots d'explication seront nécessaires pour le faire comprendre.

La Russie, par une convention signée à Saint-Pétersbourg au mois d'août 1840, après avoir reconnu le principe de la libre navigation du fleuve, avait pris l'engagement formel de maintenir le canal de Sulina à la profondeur d'eau nécessaire pour le libre passage de tous les bâtiments marchands.

Sous la domination des Turcs, cette profondeur avait toujours été maintenue entre 16 et 12 pieds comme minimum. Ils employaient à cela de grandes herses armées de longues dents de fer qui, remorquées haut et bas par des bâtiments qui n'avaient pas d'autre office à faire, labouraient continuellement le sable des barres, le rendaient mobile ; de manière que chaque crue d'eau et même la seule agitation soulevée par le vent qui règne d'ordinaire à l'embouchure du fleuve, suffisaient toujours pour entraîner le sable à la mer.

Sous la domination turque, la libre navigation du fleuve, comme voie commerciale, était empêchée par les impositions arbitraires que les pachas établis dans les places prélevaient sur les bâtiments de passage. La Porte ne soignait que l'embouchure du fleuve pour assurer à Constantinople le transport régulier des grains des Principautés, indispensables à sa consommation.

Après la convention signée, le gouvernement russe chargea l'administration maritime d'Odessa de veiller à ce que l'engagement contracté fût rempli.

La navigation du Danube prit sous ce nouveau régime un accroissement rapide. La Hongrie, toute l'Allemagne s'en servirent beaucoup. Le port de Galatz gagna de l'importance ; il devint l'entrepôt de l'exportation des céréales des Principautés.

C'est alors que naquit la rivalité jalouse du port d'Odessa. L'administration maritime, circonvenue par de nombreux intéressés, ne donna plus les mêmes soins à l'œuvre qu'elle avait à remplir.

Le port d'Odessa compte peu de maisons russes ; la plus grande partie des maisons qui s'y trouvent établies sont dirigées par des Anglais, des Français, des Génois ; de sorte que, si l'on avait la possibilité de rechercher sur les lieux les causes qui ont paralysé l'administration maritime d'Odessa dans l'accomplissement de son devoir, on trouverait probablement que les négociants dont nous parlons ont lutté de tout leur pouvoir en faveur d'Odessa contre la rivalité de Galatz. Ceci ne serait pas un des côtés les moins piquants de cette grande conflagration.

De même que luttaient les négociants d'Odessa, luttaient aussi les propriétaires fonciers dont les terres sont comprises dans le rayon qui peut encore avec bénéfice transporter ses denrées à Odessa, contre les boyards de Moldavie et de Valachie, qui tous avaient l'avantage d'un trajet plus court jusqu'au Danube ; raison de plus pour chercher à leur opposer plus d'obstacles.

Mais il existait une autre cause de corruption directe qui s'adressait aux employés russes placés le long du fleuve depuis son embouchure jusqu'à Reni, préposés aux différents services qu'exigeait la navigation, dé-

venue dans les dernières années si difficile et si péril-
leuse.

A peine la navigation du Danube avait-elle commencé
à se montrer active que s'était formée à Constantinople
une société de marins grecs, qui mirent sur pied une
petite flottille d'allége. Cette flottille vint s'établir aux
bouches de Sulina, vendant ses services à tous les bâtiments de trop fort chargement pour passer la barre.
Plus la barre haussait, plus haussaient aussi les profits
de cette société, qui ne tarda pas à faire des bénéfices
plus élevés que ce qu'elle avait pu prévoir ; de manière
qu'elle se trouva en état de payer des primes d'inaction
fort élevées à tous les employés préposés au service de la
navigation du fleuve. La mise en œuvre des moyens
disposés par l'administration maritime d'Odessa pour
travailler au curage ne se trouvant pas surveillée par les
autorités locales, se laissa d'autant plus facilement para-
lyser que c'était agir dans les intérêts particuliers
d'Odessa.

Les plaintes devinrent nombreuses, car tout le commerce souffrait ; elles ne furent pas écoutées. Les chancel-
leries des grands États ont assez généralement partout
pris pour règle de ne pas accueillir avec trop de facilité
les réclamations des étrangers ; on croit par là mieux
défendre les intérêts de son pays. Cependant ces plaintes,
n'ayant pas trouvé de redressement, devinrent bientôt
les clameurs des marchands, puis les cris de détresse des
naufragés, puis enfin des cris de guerre. Cet incident se

rattacha de cette manière à la question générale que la guerre vient déjà de résoudre. La navigation du Danube doit devenir libre dès le moment que la suprématie de la mer Noire n'existe plus. Le port de Galatz deviendra le rival libre du port d'Odessa.

Indépendamment de l'intérêt que devait prendre tout l'empire d'Autriche à la libre navigation du Danube, le gouvernement autrichien avait une raison directe et personnelle de se plaindre de celui de Russie, car c'est avec l'Autriche que la Russie avait pris directement l'engagement stipulé par la convention signée à Pétersbourg. L'honneur politique de l'Autriche était donc engagé dans cette question ; un droit international de haute importance, celui de la libre navigation du Danube, avait été violé, car c'était le violer que de rendre la navigation impossible. C'est ce qui fit mettre ce droit au nombre des garanties qui devinrent ensuite la base de toutes les négociations.

Le temps s'est aujourd'hui chargé d'éclaircir les positions et de résumer toutes les questions en une seule : celle de la paix ou de la guerre.

Nous avons tourmenté notre esprit pour trouver des solutions ; nous ne les avons pas trouvées ; les points de départ, manquant de vérité dans les faits et de sincérité dans la manière de les énoncer, ne pouvaient pas conduire à des solutions ; il nous fallut donc abandonner cette voie de calculs et d'appréciation. Nous cherchâmes une base plus solide, plus indépendante, mais en même temps plus obligatoire pour nous-même comme pour les autres. Dès le moment qu'on veut faire cesser l'exercice du droit du plus fort, qui est le droit de la guerre, et qu'il faut le remplacer par les droits que doit fonder la paix, nous nous sommes demandé quelle devait être pour tout le monde la source de ces droits ; nous avons interrogé notre conscience.

Ce qu'on va lire est la réponse qu'elle nous a faite.

II

EXAMEN DE CONSCIENCE.

C'est dans la conscience de l'homme que doit se former le principe moral destiné à lui servir de règle.

Pour comprendre ce principe, il faut en étudier la formation.

La conscience sera-t-elle pour l'homme la faculté de reconnaître la valeur de chacune de ses pensées, de chacune de ses actions ? Mais la conscience seule pourrait-elle suffire à déterminer cette valeur ? Si chacune de ces pensées, chacune de ces actions se présente isolée au jugement de la conscience, quel élément pourrait alors lui servir de règle pour prononcer ce jugement ?

L'homme qui n'aurait aucun souvenir du passé, qui

n'aurait aucune prévision d'avenir, n'aurait pour mobile de ses actions que les impressions du moment, qui ne peuvent être que des sensations ; il pourrait, selon la nature de ces sensations, éprouver de bons ou de mauvais mouvements ; mais isolés, fortuits, sans aucun rapport ni avec le temps, ni avec l'espace, deux idées toujours inséparables l'une de l'autre. Ce serait une vie de constante actualité, toute d'instinct, bonne ou mauvaise selon la nature de l'instinct qui pousserait à l'action : convoitise, appétits de tout genre et violences de toutes les sortes pour les satisfaire. L'homme ne serait plus l'homme ; un tel être serait un animal pareil à ceux que nous voyons peupler toutes les solitudes de la terre ; un pareil être ne pourrait également vivre que dans la solitude ; il n'aurait aucune des facultés qui font de l'homme un être sociable.

Il y a donc la nécessité d'un principe générateur, duquel toutes ces facultés doivent émaner. La question la plus importante dont l'homme puisse s'occuper, sera donc la recherche de ce principe.

SOUVENIR ET MÉMOIRE.

L'homme est doué de l'étonnante faculté du souvenir.

Le souvenir est la faculté de la mémoire appliquée à son propre individu.

La mémoire est cette immense faculté qui embrasse le

passé tout entier, le plus éloigné comme celui qui n'est que d'hier. La mémoire seule rend l'instruction possible ; elle est donc aussi la seule base de toute civilisation.

Mais dans toutes les richesses que la mémoire peut mettre à la disposition de l'esprit de l'homme, y trouvera-t-il des principes assez rapprochés de lui pour qu'ils soient de nature à ce qu'il puisse les comprendre et se soumettre à leur application comme règle de sa vie ? Plus son instruction sera vaste et variée, plus ne se sentira-t-il pas aussi embarrassé de choisir son chemin sur cette immensité du passé, labyrinthe sans issue pour qui s'engage dans ses détours sans posséder aucun fil conducteur ? Et ce fil, s'il croit en tenir un, à quel point l'attacher ? Chaque individu peut-il s'enfoncer dans les profondeurs de l'éthique d'Aristote, ou se livrer aux traités des sensations des modernes, ou bien, ce qui serait plus difficile encore, se livrer à l'étude de toutes les subtilités de la métaphysique, dont les différentes écoles jettent aujourd'hui une plus grande incertitude dans tous les esprits ?

Les vérités primordiales, qui sont nécessaires pour faire de l'homme un être moral, ce qui veut dire pour constituer l'état social, ne seraient-elle pas placées plus près de lui ? et n'est-ce pas alors en lui-même qu'il doit attacher le fil qui doit le conduire ?

S'il est positif que les lois auxquelles l'homme doit obéir soient placées hors de lui et au-dessus de lui, il doit être également positif que ces lois auront des points d'affinité avec lui, puisqu'elles sont faites pour lui ; c'est donc dans des voies simples et mises à sa portée qu'il pourra parvenir à les comprendre. Notre vie ne doit pas être une énigme perpétuelle dont si peu d'hommes sauraient trouver le mot.

La mémoire est un don facultatif dont l'homme peut faire usage dans des mesures différentes, ou qu'il peut, s'il le veut, ne pas du tout exercer. Il amoindrirait alors sa valeur morale, mais ce ne serait pas de sa part une mauvaise action ; il ferait dans ce cas, comme il le fait dans beaucoup d'autres circonstances, usage de sa liberté pour se livrer à la fainéantise. Mais il en est autrement du souvenir. L'homme ne peut jamais s'affranchir du souvenir de ses propres actions ; l'homme, qui peut apprendre tout ce qu'il veut, n'est pas libre d'oublier ; l'homme qui peut, s'il le veut, ne tenir aucun compte de tout l'univers, n'a pas la faculté de s'oublier soi-même. Il ne pourra jamais effacer de son souvenir celles de ses actions qui auront marqué dans son existence, soit en bien, soit en mal, soit publiquement, soit secrètement. L'homme est placé sous l'empire absolu de cette loi du souvenir.

C'est la continuité du souvenir qui fait la conscience.

Mais, dira-t-on, il n'existe rien dans ce principe de continuité qui puisse lui servir de règle pour juger la valeur de ses propres actions : ici se présente dans toute sa gravité, la question du bien et du mal.

Indépendamment de toutes les lumières que l'état de

civilisation a pu donner à l'homme, ne devrait-il pas y avoir, en dehors des lois religieuses et des lois humaines, une règle secrète, profondément empreinte dans son esprit, et qui pût suffire à elle toute seule pour éclairer sa conscience ? une règle qui fût en même temps assez simple ponr être à la portée des plus étroites intelligences ?

LOI DU LIBRE ARBITRE.

La base du christianisme est le principe de liberté qui a été mis dans l'homme, et qui est désigné sous le nom de libre arbitre ; il peut en faire usage à ses risques et périls, mais aussi à son avantage. L'homme n'a pas été créé philosophe, métaphysicien ou théologien ; il peut devenir savant, selon les hasards de sa position, et dans la mesure de l'intelligence qui lui est tombée en partage, mais il peut aussi rester ignorant.

Tous les hommes sont moralement libres, et tous ont l'obligation de choisir entre ce qui est bien et ce qui est mal ; puisqu'ils en ont l'obligation, ne doivent-ils pas en avoir la faculté ? Ils doivent donc pouvoir exercer cette faculté *sans le secours de la science*, qui n'est pas une obligation et rarement une possibilité.

L'homme ne serait rien s'il n'agissait pas ; pour le connaître, il faut donc étudier ses œuvres. L'étude de la nature de l'homme doit donc commencer par être tout à fait expérimentale. Ce sera la voie la plus certaine pour trouver le principe dont la racine est implantée dans ce qu'il y a de plus intime en lui.

Examinons, comme exemple, quelques-unes de ses actions.

ACTION DE LA CONSCIENCE.

Un homme entre dans l'habitation d'une famille qu'il sait être dans le besoin ; il n'y trouve personne ; il dépose sur une table un secours pécuniaire. Il pourrait, à son gré, faire cette action secrètement ou publiquement ; elle ne pourrait lui mériter que des remercîments ou de l'approbation. Si de pareilles actions lui étaient habituelles, sa conscience pourrait ne pas en conserver le souvenir ; elles se confondraient toutes dans une seule et même pensée, celle d'une active bienfaisance. Le double caractère des actions de cette nature est qu'elles pourraient être faites publiquement, et que l'homme qui les a faites peut facilement oublier chacune d'elles.

Un autre homme cherche l'occasion d'entrer furtivement dans une habitation ; il trouve cette occasion ; il en profite pour enlever avec plus ou moins de difficultés une somme d'argent et d'autres objets précieux. Il prend pour sortir la même précaution qu'il avait prise pour entrer. Personne ne l'a vu. Il s'empresse de cacher avec le plus grand soin les objets qu'il a volés ; il n'en use que de manière à pouvoir toujours cacher l'origine de la possession. Il ne lui sera jamais possible d'oublier cette action, car jamais ne pourront cesser les soins que le sentiment de sa propre sûreté le condamnera toujours à prendre. Sa conscience fera pour lui, sans repos ni relâche, le service d'une sentinelle de sûreté.

Un autre exemple.

Un homme charitable sait qu'une pauvre famille manque des moyens de chauffer une habitation que le froid et l'humidité rendent pernicieuse à la santé; il y fait conduire du combustible. Il n'a aucune raison de le faire secrètement, mais il le fait en gardant l'anonyme; il ajoute au bienfait la modestie du donateur; ses charités sont si nombreuses que souvent il n'en garde pas le souvenir.

Un autre homme cherche à amasser secrètement, dans un endroit reculé d'une habitation, des matières combustibles; il attend, de nuit, une occasion pour y mettre le feu. Un incendie éclate et consume non-seulement cette habitation, mais aussi plusieurs maisons adjacentes. Les preuves du crime sont découvertes; on cherche l'incendiaire; on ne le découvre pas, quoiqu'il soit resté témoin du feu qu'il venait d'allumer. Les motifs de l'action de cet homme pourraient être de causer un grand désordre qui lui donnerait occasion de dérober des effets que l'on chercherait à sauver du feu, ou il voudrait exercer une vengeance particulière, ou bien il était entraîné par ce sentiment de haine envieuse qui excite souvent le pauvre contre le riche.

La préméditation d'un crime exige la préparation des

moyens d'exécution. La complication de ces moyens, en ouvrant à la justice diverses voies pour découvrir le criminel, condamne celui-ci à une vie continuelle d'angoisse et d'inquiète précaution. Soit par suite d'un remords véritable, soit par le sentiment d'un danger perpétuel, le souvenir du crime ne quitte plus un seul instant le criminel.

LE MAL ENGENDRE LA CONTINUITÉ DE LA CONSCIENCE.

C'est donc dans le mal lui-même que se trouve pour l'homme l'avertissement qu'il a fait une mauvaise action. Le bien ne craint jamais la publicité, le mal la craindra toujours. Quand ce n'est pas le remords, c'est alors le danger personnel qui fait naître la continuité de la conscience. C'est donc dans l'exercice de cette continuité que se trouve une des plus grandes forces morales de l'ordre social. Cette force, quand elle est patente, se rattache à la circonstance que tous les hommes ont un intérêt direct et personnel à découvrir ceux qui font le mal. Le public se montre toujours partout disposé à prêter main forte à la loi.

Mais cette force, quand elle reste secrète, n'agit-elle pas d'une manière plus puissante encore?

Les criminalistes, pour parvenir à connaître l'état moral d'un peuple, travaillent à dresser des tables statistiques des crimes qui se commettent; les crimes sont classés ; on classe aussi les criminels ; les poursuites de la justice conduisent à prouver que les mêmes hommes comparaissent plusieurs fois devant les tribunaux. On a cherché à expliquer ce fait comme une suite naturelle de la perversité de l'homme qui manque de conscience. Cette conviction a fait admettre que la sûreté publique ne pouvait être garantie que par la multiplicité des moyens de surveillance et par les rigueurs du code criminel. Mais n'y aurait-il pas d'autres points de vue desquels il faudrait partir pour apprécier des faits qui sont entourés de toutes les difficultés qui naissent du contraste de l'obscurité que cherche le crime avec la publicité que les formes judiciaires veulent lui donner? Le but de cette publicité est de donner à l'accusé qui n'est pas coupable plus de moyens de prouver son innocence et de mettre, en même temps, à la disposition des juges un plus grand nombre de moyens de découvrir les criminels. Pour atteindre ce double but, la publicité de l'instruction d'une cause est aussi nécessaire que celle des débats judiciaires. Le public est facilement accusateur ; il a souvent dit, et il le dirait encore souvent, qu'un accusé de condition aisée a trouvé dans le secret de la procédure le moyen d'acheter son innocence. Ainsi la publicité, en prouvant l'intégrité des juges, entoure la justice d'un plus haut degré de confiance et de respect.

Mais qu'advient-il des condamnés? L'empressement que le journalisme met à porter à la connaissance du public les détails de ces causes criminelles, qui sont les mélodrames que joue l'ordre social, ajoute à la sentence prononcée par les tribunaux le châtiment plus terrible de l'opprobre et de l'infamie. Le nom d'un condamné est connu de tout le monde ; il devient un sujet d'universelle répulsion. Personne ne lui tient compte du repentir de son crime ; le désespoir s'empare de son être tout entier : il se fait malfaiteur, car les hommes lui ferment toutes les voies du retour vers le bien. La publicité de son premier délit a fait cesser en lui ce travail secret de la conscience, seul principe de moralité, intimement lié à la nature de l'homme, pour le mettre à même de lutter contre ses passions, et contre tous les genres de séduction dont il est entouré.

Ainsi la justice, en détruisant ce principe, cause souvent de plus grands crimes que celui qu'elle a voulu punir.

C'EST DANS LE SECRET QUE RÉSIDE LA PUISSANCE DE LA CONSCIENCE INDIVIDUELLE.

Il existe une lacune immense dans l'histoire que l'on veut faire de l'état moral d'un peuple, d'après l'étude de ses annales judiciaires. La religion qui écoute la confession du crime, sans jamais demander le nom du criminel, serait seule à même de combler cette lacune ; mais son institution, qui n'est pas de ce monde, ne lui en donne pas la possibilité. A son défaut, les hommes chargés de la confection des lois, ainsi que ceux qui siégent pour juger les criminels, ne devraient-ils pas se demander ce qui se passe au sein de cette immense majorité qui n'est jamais appelée à comparaître devant les tribunaux? peuvent-ils admettre qu'aucun individu, parmi [ces millions d'hommes, n'ait jamais failli?

Tous les criminels ne sont pas découverts; beaucoup de crimes et délits sont restés ignorés. Le travail secret de la conscience, tel que nous avons cherché à en indiquer les ressorts, n'aura-t-il pas arrêté le plus grand nombre de ceux qui, déjà coupables d'une première faute, auraient pu en commettre d'autres? Que serait-il advenu de ces hommes, redevenus hommes de bien, et qu'adviendrait-il de la société tout entière, si chaque première faute était livrée à la publicité? Heureusement que la justice des hommes ne peut pas toujours y parvenir. Cette impossibilité préserve de violation cette loi secrète de la conscience, la plus grande des garanties qui aient été données à l'homme contre ses propres erreurs ou contre ses faiblesses.

La crainte de ressentir le trouble de sa conscience agit sans cesse comme une force impérieuse et secrète, et comme la première et la plus solide base de l'ordre. Cette force, quand elle agit d'une manière plus puissante que l'inclination vers le mal, dans ce cas, répressive du mauvais penchant, prévient le crime. D'un autre côté, beaucoup d'hommes faibles de caractère, un plus grand nombre d'autres, d'humeur apathique et paresseuse, manquent, les premiers de cette énergie qu'exige l'exécution d'un crime, les seconds de cette active surveillance de soi-même qu'il faut continuellement exercer pour le cacher après l'avoir commis.

L'ÉVEIL DE LA CONSCIENCE EST LA BASE NATURELLE DE LA CIVILISATION.

On voit, par les simples et courtes indications que nous venons de donner, combien il est important d'étudier le travail secret qui se fait dans l'homme pour comprendre l'ordre qui règne chez les peuples civilisés. Chez eux, la conscience est mise en action par le savoir du passé. La culture de la faculté du souvenir appelle la conscience à la vie : dès le moment qu'elle entre en action, la civilisation commence. Les lois que font les hommes ne pourraient pas, seules, y suffire. Ne voyons-nous pas, en effet, dans quel état de barbarie restent plongés les peuples chez lesquels les hommes ont plus peur des lois que du trouble de leur conscience ? Chez de pareils peuples, l'action individuelle n'existe que pour le mal contre lequel les gouvernements ne savent employer d'autres moyens de répression que le principe de l'asservissement le plus absolu. Il en résulte un état de permanente hostilité entre le gouvernement et les sujets ; elle se manifeste, ou par des révoltes à main armée, ou par une constante désobéissance aux lois, ou par la frauduleuse rapacité de ceux qni cherchent toujours à vivre aux dépens de l'État. Il n'y a, dans un pareil état de choses, de conscience ni d'un côté ni de l'autre.

Il ne faut pas se tromper sur la base naturelle que doit avoir la civilisation. Elle ne saura jamais donner les fruits que l'on en attend, si l'on ne sait pas de quelle source elle doit jaillir, et nous disons jaillir, parce que c'est alors à grands flots qu'on la verrait sortir de cette source.

Si la faculté de la mémoire rend, seule, l'instruction possible, et si cette faculté ne peut être exercée que par l'étude du passé, ce qui veut dire, par l'étude de l'histoire des hommes qui nous ont précédés, il en résulte que les gouvernements qui ont prohibé, et qui prohibent encore l'étude de l'histoire, ou qui la restreignent à des points de vue arbitrairement fixés, ne laissent pas à la civilisation la seule base qui puisse la rendre morale.

Un pareil ordre de choses, qui ne peut se fonder que sur un principe d'active surveillance, produit une apparence d'incomplète civilisation qui, laissant les hommes sans conscience et sans intelligence, les livre à la seule recherche des moyens de satisfaire leurs appétits les plus sensuels. C'est ainsi que se passe leur vie.

On pourrait nous demander pourquoi nous mêlons au travail politique dont nous sommes occupé, une discussion qui ne paraît être que religieuse et philosophique. Nous pourrions répondre par la simple déclaration, que nous tenons la religion et la philosophie comme devant être la seule base naturelle de la politique, si l'on veut maintenir la politique à la hauteur scientifique qui lui appartient. Cependant, comme une simple déclaration serait un acte d'une sorte d'autorité intellectuelle que nous n'avons aucun droit d'exercer, nous allons exposer les arguments qui motivent notre opinion.

Nous avons prouvé : que l'homme ne peut arriver à un état de civilisation véritable que par la faculté du souvenir; que l'exercice de cette faculté, par suite du travail secret qui se fait en lui, donne l'existence à la conscience; que la conscience est le principe de moralité qui, seul, fait de l'homme un être sociable.

La religion et les lois ordonnent, il est vrai, la moralité; elles en font une obligation. Mais un ordre, quelque sacré ou respectable qu'il puisse être, ne pourrait y suffire; car la moralité, pour être vraie, doit être libre: il faut donc qu'elle découle du principe dont le germe a été déposé dans la partie de l'être de l'homme la plus intime et la plus secrète.

CONSCIENCE DES PEUPLES.

Il en est des peuples comme des individus. Un peuple qui n'aurait aucun souvenir de son passé, qui n'aurait aucune prévision d'avenir, obéirait d'instinct, comme le fait en pareil cas l'individu, à toutes ses sensations, à toutes ses passions. Un tel peuple resterait entièrement sauvage; il vivrait en état de nature, ce que la langue des voyageurs désigne en qualifiant de pareilles populations de *naturels* du pays. Les plus avancés parmi de pareils hommes vivent, depuis des milliers d'années, à l'état de nomades. Ce qui leur manque à tous, c'est l'exercice de la faculté de la mémoire; c'est l'instruction qui en est le premier résultat ; c'est le sentiment de la conscience qui est le produit le plus éminent de la faculté du souvenir, puisqu'il est la seule base de la moralité inhérente à la nature de l'homme, mais faculté qui veut être développée, cultivée, comme le veulent être toutes les autres dont il a été doué.

Nous allons arriver à la plus grande difficulté du sujet qui nous occupe, et c'est aussi la solution de cette difficulté qui est le but principal de ce travail.

L'action secrète de la conscience individuelle ne peut s'appliquer à l'existence collective des hommes. Un peuple pourrait-il avoir une conscience collective semblable à celle de l'individu? S'il ne peut pas l'avoir, devrait-il se trouver livré, comme l'individu sans conscience, à tous les mouvements de ses passions et de ses convoitises? Et, cependant, sans un principe de moralité qui puisse régler la vie collective des nations, la société humaine deviendrait impossible.

La fréquence, souvent l'injustice des guerres, le plus souvent la condamnable légèreté que l'on met à les commencer et la légèreté plus coupable encore avec laquelle on les prolonge, prouvent que le principe de moralité qui régit la vie individuelle chez les peuples civilisés n'est pas applicable à leur vie collective.

Il suffit, pour le prouver, de dire que l'action du principe moral de la vie collective ne peut avoir que le même caractère; il doit donc être collectif, il doit être public; c'est donc un principe entièrement différent de celui de la conscience individuelle qui, pour exister, doit toujours être secret.

Cependant le principe de la moralité de la vie collective doit avoir aussi sa racine dans la nature de l'homme, destiné qu'il est à vivre en état de société. Il faut donc en rechercher la source, en étudier la formation.

Il est évident que, puisque la conscience d'un peuple ne peut être que collective, ce ne peut être aussi qu'un principe collectif qui puisse, non-seulement la former, mais lui servir aussi d'organe. Sous ce rapport, l'organisation des États modernes nous paraît être encore incomplète.

C'est ce point de vue qui doit nécessairement donner à ces feuilles le caractère d'un travail politique. Mais nous le trouvons d'une nature trop ardue pour continuer cette discussion avant d'avoir établi le principe générateur de la civilisation sur la base la moins sujette à objection. Il nous faut pour cela remonter, pour quelques instants au moins, à une méthode d'argumentation qui doit être inévitablement plus générale, ou, si l'on veut, plus philosophique.

L'HOMME COUPE EN DEUX L'ÉTERNITÉ.

L'homme, par son existence, coupe en deux l'éternité :
une partie est l'éternité de l'avenir ; l'autre partie, l'éternité du passé.

L'éternité de l'avenir peut se comprendre par l'idée
qu'elle est le temps qui ne finit pas ; ce temps, relativement à l'homme, se remplit successivement de toutes les
oscillations, de toutes les incertitudes, de toutes les
passions que suscite sans cesse son libre arbitre.

*L'éternité du passé, c'est le temps qni a fini ; tout y
est irrévocable ; tout ce qui a existé ne peut jamais
cesser d'avoir existé ; tout ce qui a été fait, bien ou mal,
ne peut jamais cesser d'avoir été fait.* Quand une chose
est accomplie, la force même qui l'a produite ne peut
plus rien y changer ; elle peut seulement, tant qu'elle
existe, se modifier elle-même, pour le cas où sa conscience
lui donnerait le regret d'avoir mal fait.

On ne peut rien apprendre de ce qui n'existe pas
encore ; l'homme n'a donc rien à apprendre de l'avenir ;
il ne peut donc trouver de leçons que dans le passé. Le
passé seul peut lui donner les notions de la justice, de
l'équité, de l'ordre et de cette haute raison qui doit servir
de règle aux destinées humaines. Le passé donne nécessairement à l'homme l'idée naturelle d'un jugement dernier. Cette idée est naturelle, car ce n'est que par l'étude

du passé que l'homme acquiert la faculté de juger, et ce n'est qu'à ce qui est accompli qu'il peut en faire l'application.

SUPÉRIORITÉ POLITIQUE DES ÉTATS ANCIENS SUR LES ÉTATS MODERNES.

On voit par cette courte déduction combien doit rester incertaine, c'est-à-dire agitée, l'existence des États quand il n'y a dans leur organisation rien de permanent qui corresponde à la nécessité de chercher dans l'étude du passé des règles de conduite pour l'avenir.

Les États de l'antiquité dont l'histoire nous a été conservée nous paraissent, sous ce rapport, avoir joui, à l'époque de leur splendeur, d'une organisation plus achevée que ne l'est celle des États modernes. La politique était chez les anciens une science plus entière qu'elle ne l'est chez les modernes, ce qui nous paraît expliquer la supériorité de leurs grands historiens sur les nôtres. La politique était aussi bien l'art de constituer les États que celui de les gouverner.

Les hommes politiques étaient, par cette raison, législateurs en même temps qu'il étaient organisateurs, administrateurs, juges, hommes de guerre et d'exécution; mais il y avait des corps constitués dont les attributions étaient diverses.

Les plus élevés de ces corps, que nous appellerons

sénats parce que les plus illustres d'entre eux ont porté ce titre, conservaient dans leur sein le principe de la durée; ils imprimaient au gouvernement le mouvement qu'il devait avoir ; ils en puisaient les maximes non-seulement dans les traditions, mais bien plus encore dans l'étude approfondie du passé.

Si un illustre Athénien a dit : *Frappe, mais écoute,* les sénats disaient aux peuples : *Ne frappez pas avant de nous avoir écoutés.*

La décision de la question la plus importante pour les peuples, nous dirons pour tous les hommes en général, la question de la paix ou de la guerre, n'était jamais abandonnée aux hommes d'exécution ; les hommes les plus sages et les plus expérimentés avaient à siéger dans leur assemblée permanente pour en délibérer et pour la résoudre. Et nous entendons le sénat le plus renommé de notre époque, celui qui déclare être le plus habile et professer les plus sages doctrines, dire aujourd'hui à son peuple : *Nous frapperons, puisque vous le voulez ainsi.*

Les modernes, par une suite peut-être inévitable de la grandeur et de la longue durée des États, ont été amenés à faire à l'art de gouverner l'application de ce principe si utile à l'industrie, le principe de la division du travail. La politique proprement dite, telle qu'on la comprend de nos jours, est restreinte au domaine des relations internationales. On ne s'aperçoit que trop de tout ce qu'il y a de faux dans ce principe de la division du travail dans l'application que l'on en fait au gouvernement, par le désaccord qui se manifeste si souvent entre la politique extérieure des États et leurs affaires intérieures. C'est ce désaccord qui a produit dans le cours de nos histoires tant de guerres qui eussent pu être évitées, ou au moins terminées plus vite ; tant d'autres qui n'ont été suscitées que par l'embarras de quelques positions individuelles, soit celle des princes eux-mêmes, soit celle de quelques-uns de leurs ministres. Qu'on veuille bien ne pas nous demander des citations ; chacun peut les trouver nombreuses dans l'histoire. Nous ne nous servirons, plus tard, à l'appui de notre discussion que des plus saillantes que nous offrira l'époque contemporaine.

L'ESPRIT PUBLIC PEUT-IL ETRE L'ORGANE DE LA CONSCIENCE D'UN PEUPLE ?

Ce qu'il nous faut avant tout, c'est de chercher comment pourrait se former la conscience collective d'un peuple, de manière à pouvoir donner la garantie que ses relations internationales seront toujours conduites dans un esprit de justice et d'humanité plutôt que d'après l'instinct de ses passions et de cet égoïsme avide auquel l'esprit de nationalité ne se laisse que trop facilement entraîner.

Comme l'Angleterre est le premier des États modernes qui ait cherché à donner, par ses institutions politiques,

une base telle à l'esprit public, qu'elle soit de nature à
en garantir la libre manifestation, nous ne pourrons donc
faire rien de mieux que d'étudier, sous le rapport
spécial de cette question, le mouvement politique et
successif de ce pays. Nous aurons alors à examiner si
l'esprit public y a toujours été et s'il y est particulièrement aujourd'hui à la hauteur de ce que doit être la conscience collective d'un peuple.

L'esprit public peut être bon ou mauvais; il peut être
excité par des passions qui veulent en abuser; il peut être
aussi dirigé dans des voies de justice et de prudence.
Cette qualification d'esprit public ne suffit donc pas pour
en prouver la moralité. Occupé que nous sommes de
la recherche d'un principe de moralité qui soit de nature
à pouvoir régler les relations internationales, il nous faut
donc le chercher ailleurs que dans l'autorité de l'esprit
public, base si mobile, si variable et si facile à l'excitation comme quelquefois aussi à la dépression.

L'HISTOIRE SEULE PEUT INDIQUER QUEL DOIT ÊTRE L'ORGANE
DE LA CONSCIENCE D'UN PEUPLE.

Conscience collective est la seule expression qui
puisse donner l'idée de ce que nous cherchons.

Les guerres étrangères, civiles et religieuses, qui
avaient pendant longtemps occupé et déchiré l'Angleterre
avant qu'il en soit résulté l'établissement définitif de la

monarchie nouvelle qui fut mise à la place de celle des Stuarts, avaient donné au peuple anglais des mœurs si rudes et si violentes, que l'on vit les nouvelles institutions avoir pour but principal de réprimer tous les excès du pouvoir, toutes les tentatives d'ambition.

La prépondérance se concentra dans la chambre haute; elle comprit sa mission; elle sut la remplir; elle calma l'Angleterre; elle régularisa l'action des divers pouvoirs, de manière à les maintenir en équilibre. La constitution anglaise fut tenue dès ce moment pour être le palladium de tous les droits, de toutes les libertés. Elle fut regardée comme devant devenir un jour l'ancre de salut des nations.

Et cependant nous l'avons vue successivement se métamorphoser elle-même par le jeu de son propre mécanisme, au point de déplacer tous les pouvoirs auxquels elle avait cru avoir opposé des bornes infranchissables.

Les pairs d'Angleterre étaient riches des longues traditions héréditaires de leurs familles; ils étaient riches d'études et formés aux affaires par leur propre expérience. La couronne écoutait et suivait volontiers les conseils d'une pareille assemblée. Le public respectait ses votes.

Cette assemblée était, pour ainsi dire, devenue la conscience de la nation. On croyait à son habileté, à sa justice, comme à sa prudence. Le peuple anglais, tranquille et reposé d'un passé qui l'avait si profondément agité, soignait ses affaires privées sans s'occuper de celles de l'État. Il les abandonnait, avec confiance, à qui de droit.

Cependant il y avait dans le système de la pondération des pouvoirs un article qui finit par les déplacer tous et par amener l'état de choses dont nous sommes les témoins.

TRANSFORMATION DE LA CONSTITUTION DE L'ANGLETERRE. — PUISSANCE DE L'ARGENT.

C'est cette modification ou, pour parler plus juste, c'est cette métamorphose dont il nous importe de montrer la génération.

La couronne avait le droit de déclarer la guerre et de faire la paix; mais ce droit n'était qu'une simple formule. La couronne était la seule autorité qui pût personnifier l'Angleterre près des autres couronnes ou des autres autorités souveraines. Mais la couronne ne pouvait dire et ne pouvait faire que ce que les grands conseils de la nation avaient cru devoir lui conseiller de dire et de faire.

Quand l'aristocratie avait une prépondérance contre laquelle rien dans le pays ne pouvait encore lutter, les pairs du royaume exerçaient sur les élections à la chambre des communes une influence de nature à leur donner la garantie que cette chambre voterait, sur toutes les grandes questions, dans le même sens que la chambre haute.

Pour contre-balancer cette influence, qui eût été trop

exclusive, la chambre des communes avait été mise en possession de l'initiative du vote sur les impôts et subsides de tout genre. C'est donc par cette voie qu'elle se trouvait aussi appelée à voter sur la question de la guerre.

Or, que se passait-il pendant ce temps dans le pays?

Après qu'au moyen du commerce et de l'industrie, de petits bourgs furent devenus de grandes villes; depuis que les richesses acquises par les classes moyennes étaient devenues souvent, isolément, égales à celles de l'aristocratie et que, prises en masse, elles leur étaient de beaucoup supérieures, un bill de réforme devenait inévitable. L'aristocratie dut y consentir et, pour ainsi dire, se rendre à merci. Elle perdit l'influence exclusive qu'elle avait exercée sur les élections.

Cette nouvelle position et l'influence toujours croissante des intérêts matériels donnèrent la prépondérance politique à la chambre basse. C'est dans cette chambre que se faisaient déjà depuis quelque temps les nouvelles destinées de l'Angleterre; c'est dans cette chambre qu'ont parlé et qu'ont souvent régné par la parole Burke, Fox, Sheridan, Pitt, Canning, sir Robert Peel; c'est dans cette chambre que règne lord Palmerston, mais ce n'est plus par cette chambre. Moderne Catilina, de belles manières, de mœurs contenues, de fortune rangée, courtisan du peuple sans être son tribun, n'ayant qu'une seule et même ritournelle pour toutes ses oraisons, ce n'est ni la puissance de la parole, ni la hauteur des idées qui lui ont donné le pouvoir. Lord Palmerston règne cependant, mais il règne au moyen de l'excitation des passions.

C'est par cette pression du dehors qu'a été reduit au silence le parlement, cet organe de la conscience publique du pays. Lord Palmerston s'est émancipé du contrôle constitutionnel des grands conseils de la nation, et ce n'est plus qu'au peuple anglais lui-même qu'il veut bien encore condescendre à rendre compte, comme à son souverain, des actes de son gouvernement.

Et c'est l'argent, l'argent seul qui a fait cette immense révolution de la constitution anglaise; nous la disons immense, parce qu'elle en a changé tous les principes et *qu'elle a laissé l'Angleterre sans organe officiel qui puisse être celui de sa conscience.* C'est l'esprit public, *sans un guide pour sa conscience,* qui décide de toutes les affaires; ce sont les opinions, ce ne sont plus les principes qui gouvernent. Le fond sur lequel doit reposer l'ordre social est devenu un sable mouvant qui ne donne aucune possibilité d'ancrage.

C'est ce vide moral qu'il nous importait de signaler, parce qu'il explique, seul, plusieurs des énormités de la politique de l'Angleterre.

Pour faire comprendre notre pensée, il nous faut dire encore quelques mots sur la nature du mouvement que produit l'argent.

ART DE LA POLITIQUE QUE PRODUIT L'ARGENT.

L'argent ne sort jamais des mines de la terre sans mélange, et s'il est besoin d'une opération chimique pour l'épurer et le qualifier pour la circulation, ne devrait-il pas en être de même pour celui qui sort des voies souterraines de la spéculation ? Mais tout argent n'aimerait pas qu'on écrivît son histoire ; cependant la puissance qu'il acquiert le lave de toute souillure. Cela lui suffit ; il paraît au grand jour fier de lui-même, sans jamais regarder derrière lui. N'étant occupé que des moyens de se grossir, il ne reconnaît plus que deux modes du temps, le présent et l'avenir.

Quand tout un peuple se laisse entraîner dans un pareil mouvement, ne court-il pas le risque de perdre toutes les notions de modération, de justice et d'équité que le passé seul peut donner ? La politique d'un tel peuple devient nécessairement un calcul placé entre les deux signes du plus et du moins. L'art de cette politique est celui des spéculations qui ont leur jeu de bourse comme le jeu des effets publics. On y prépare la hausse ou la baisse par tous les mêmes moyens.

La presse est la grande machine employée à cet effet. Un sentiment de conscience politique, s'il existe encore dans quelques âmes d'élite, peut à peine se faire entendre, tant les clameurs qui lui sont hostiles chercheront à étouffer sa voix. Personne n'ose plus démentir une fausse nouvelle, ni combattre un fausse accusation. Dès que le mensonge est destiné à être lancé comme un projectile de guerre, personne n'a plus le courage moral d'en éventer la mèche.

Il se trouva cependant un premier ministre, homme d'honneur et de haute moralité, qui voulut, à l'occasion de Sinope, donner quelques avertissements à son pays. Mais il fut honni d'un bout à l'autre de l'Angleterre; il fut dénoncé, par tous ceux qui pouvaient écrire ou parler, comme un ami de l'ennemi le plus dangereux de son pays; il fut, bientôt après, forcé d'abdiquer le pouvoir; quelques rares amis—on a pu, croyons-nous, en compter jusqu'à trois—le suivirent dans sa retraite, et des hommes, de ceux que l'on appelle aujourd'hui hommes d'avenir, s'emparèrent de l'autorité aux acclamations des flots populaires qui les y portaient.

Si cependant le théâtre anglais possédait aujourd'hui un poëte tragique digne du nom de celui qui savait d'une voix si puissante parler à la conscience des Grecs, quel langage tiendrait ce nouvel Euripide à son public? que lui diraient ses Euménides?

« Chers compatriotes! n'ayez pas la bouche si pleine
« de cette parole de Sinope; ne vous fait-elle donc
« pas rougir et ne vous brûlera-t-elle pas la langue? et
« avez-vous oublié votre histoire? Je vais alors secouer
« toutes mes torches pour les faire luire jusqu'au fond de
« vos consciences, et si la honte vous fait hésiter à pronon-

« cer ce que vous y trouvez, je vais vous le dire ; car c'est
« moi qui l'y ai gravé en traits ineffaçables, et ces traits
« ne se détacheront jamais de vous. Cc que je dis vient
« de l'éternité, et je le dis pour l'éternité, et votre con-
« science appartient à l'éternité. Je suis la messagère des
« dieux ; ma mission est de réveiller les consciences en-
« dormies et de secouer de toute la puissance qui m'est
« donnée ces âmes qui veulent rester insensibles aux re-
« mords. Et pour vous qui êtes si fertiles en inventions
« et fabrications de tout genre, je veux fabriquer des
« porte-voix qui viendront d'eux-mêmes vous dire à l'o-
« reille, à chaque injustice de votre langage, les varia-
« tions de votre moralité. Et comme les baromètres
« marquent celles de l'atmosphère, je veux que ces
« paroles dites à vos oreilles soient fixées sur l'airain en
« grands caractères, afin que chacun sache quel temps
« il fait dans vos âmes, dans vos cœurs et dans vos con-
« sciences. Et je vais commencer mon office. »

Abandonnons à l'Euménide le soin de continuer son
œuvre.

Parlons en simple historien à des consciences qu'elle
aura peut-être déjà rendues plus attentives, et présentons-
leur la tranquille narration des *variations* politiques de
l'Angleterre. Elles ont pris souvent le caractère des opé-
rations de grandes maisons de commerce qui, embarras-
sées par la grandeur sans mesure de leurs spéculations,
sont entraînées, malgré elles, à creuser un plus grand
trou pour en boucher un plus petit.

On avait vu l'Angleterre se mettre à la tête de cette grande coalition de l'ancienne Europe contre les maximes, encore subversives alors, de la nouvelle France. L'Angleterre eut un double mandat à remplir : d'abord celui de défendre les anciens États contre les usurpations des peuples révoltés, et plus tard celui de combattre une prépondérance politique que d'illustres victoires rendaient menaçante pour l'indépendance de tous.

A l'aide des alliés qu'elle trouva chez les peuples comme chez les rois, son triomphe fut complet. La paix qui fut signée est restée comme un témoignage de la grandeur de ses craintes. A côté du traité général, l'Angleterre signa ce traité particulier en vertu duquel les puissances contractantes s'engageaient à ne jamais permettre le rétablissement d'aucune dynastie napoléonienne.

Les Anglais avaient toujours eu pour base de leur politique le principe fondamental de ne jamais engager leur avenir. Tous voulaient que l'État ne cessât jamais de jouir de cette plénitude de liberté que chaque Anglais se montre si jaloux de conserver pour lui-même. Il doit en être ainsi dans un pays qui ne peut jamais cesser d'avoir une politique marchande ; les intérêts sont mobiles ; la politique, pour se les assujettir, doit donc être mobile comme eux.

L'ANGLETERRE ENCADRÉE ENTRE DEUX EMPIRES NAPOLÉONIENS.

Nous sommes témoins comme la fortune a paru prendre plaisir à se moquer des résolutions prises par des hommes qui s'étaient crus de force à enchaîner l'avenir, comme ils avaient triomphé du présent, et nous voyons comme cette malignité du sort vient d'encadrer l'histoire d'Angleterre, depuis le commencement de ce siècle, entre deux empires napoléoniens, dont elle a poursuivi le premier de toute sa haine, tandis qu'elle rattache sa propre fortune à la nouvelle existence du second.

Pour faire la guerre au premier empire napoléonien, l'Angleterre eut pour alliés les trois grandes puissances continentales. Le but était la destruction de ce nouveau colosse de l'Ouest.

L'alliance avec le second empire napoléonien a pour objet la destruction du nouveau colosse du Nord. — Ce colosse, en effet, grandi à l'état d'un spectre dont on ne sait plus prendre la juste mesure, grâce aux illusions optiques d'un ciel toujours humide de brouillards, ne laissait déjà, depuis quelque temps, aucun repos aux nuits parlementaires de l'Angleterre. Les pairs et les représentants, descendus de leurs bancs, fatigués comme ils l'étaient d'insomnie, vont trouver le peuple ; ils lui disent : « *Nous sommes inquiets.* Le colosse du Nord a con-

« struit des vaisseaux. Il a deux flottes. Qu'avons-nous à
« faire? »

« Il ne faut pas le souffrir, » répondit le peuple par
acclamation. « La reine Victoria est notre reine, reine de
« l'Angleterre; mais l'Angleterre est la reine des mers.
« Faisons la guerre; c'est notre droit de ne rien laisser
« subsister de ce qui peut menacer notre empire. »

« Mais comment? » dirent les sages de l'Angleterre;
« seuls, nous ne pouvons pas faire la guerre. — Ten-
« dons la main à notre puissant voisin, » dit le peuple;
« il est homme de courage et d'habileté; il commande à
« une nombreuse et bonne armée; il a été personnelle-
« ment blessé; il prendra notre main dans la sienne;
« cela suffit. L'alliance sera conclue; nous vous donne-
« rons de l'argent tant que vous voudrez. Allez organiser
« la guerre par terre et par mer; qui ne sera pas pour
« nous sera contre nous. Nous accablerons les neutres
« de notre mépris et nos ennemis de nos armes. »

L'action suivit de près la résolution, qui avait été préparée longtemps d'avance. La guerre se fit.

Mais une alliance qui n'aurait que la guerre pour objet devrait cesser le jour même où la paix serait signée.
Or, comme il est impossible de revenir d'un jour à l'autre d'une évolution politique aussi considérable, les deux
pays déclarèrent vouloir rester amis aussi longtemps que
leur union leur paraîtrait nécessaire pour *assurer le
triomphe universel de la nouvelle civilisation.*

LA NOUVELLE ALLIANCE DE L'ANGLETERRE AVEC
LA FRANCE.

Cette alliance est donc devenue à la fois une alliance d'intérêts et une alliance de principes. L'Angleterre s'était préparée à ce nouveau rôle depuis l'année 1830. Dès que, depuis cette époque, l'ombre d'un peuple intervenait quelque part dans un mouvement de révolution assez avancée pour qu'une autorité quelconque pût en faire la notification à Londres, le gouvernement anglais répondait avec cet empressement que les gens bien élevés mettent à répondre à une lettre de faire part. La quadruple alliance, négociée et signée au nom de la France par le patriarche grand prêtre de ses révolutions, devint le premier témoignage éclatant du nouveau principe que voulait professer l'Angleterre.

Dans trois anciennes monarchies restaurées à l'aide des armes et des finances du peuple anglais, des princes des trois maisons régnantes se disputèrent la possession du trône. L'Angleterre, dans les trois pays, reconnut, sans hésitation, la possession de fait, sans s'enquérir du droit.

Telle est l'origine de la nouvelle alliance de la nouvelle Angleterre avec la France.

Mais il faut chercher le lien spécial par lequel l'Angleterre, dans cette nouvelle situation, se rattache au nouvel empire français. Cet empire repose sur le principe de la souveraineté du peuple ; c'était déjà le principe sur lequel reposait l'ancienne Angleterre. En France, ce principe a pour base le suffrage universel ; une grande et mémorable circonstance l'a consacré.

C'est à substituer cette nouvelle base à son ancien système de la coordination des différentes classes qui variait les droits comme les libertés, que travaille l'Angleterre. La situation de l'Angleterre se trouve donc compliquée par les efforts et sacrifices que lui impose la guerre contre la Russie, et par l'agitation que cause à l'intérieur la fermentation des esprits, tous en travail, les uns pour s'opposer encore au changement du système social de l'Angleterre, les autres pour assurer le triomphe des classes nombreuses qui veulent ce changement. Les meneurs de ce mouvement ont voulu la guerre comme le moyen le plus certain et le plus prompt de parvenir à leurs fins.

La guerre a amené deux nécessités qui, pour les moins clairvoyants, restaient encore cachées dans les replis des événements ; mais, aujourd'hui, ces deux nécessités sont reconnues par toute l'Angleterre.

La première de ces deux nécessités, c'est le maintien de l'alliance avec la France, qui a placé l'Angleterre dans une position dont elle n'est plus libre de sortir et qui la rapproche d'un empire dont la puissance se fonde sur la base la plus absolue du suffrage universel.

La seconde de ces nécessités a été celle dans laquelle

se sont trouvés placés les hommes qui usent du gouvernement comme d'un patrimoine qui leur appartiendrait, et qui tous voulaient la guerre, d'exciter toutes les classes à manifester leur opinion sur cette question. Seuls, ils n'auraient pas osé précipiter l'Angleterre dans une entreprise aussi forte; ils ont donc cherché à appuyer leur opinion sur le vote populaire; ils ont eu un intérêt direct à rendre ce suffrage aussi universel que faire se pouvait. Les uns voulaient la guerre comme un calcul de politique extérieure : c'étaient les plus hardis ; les autres la voulaient comme un moyen de distraire l'Angleterre de ses préoccupations de réforme intérieure. La doctrine du suffrage universel est donc entrée en Angleterre par deux voies différentes.

Ceux qui ont été appelés à donner leur vote sur une affaire aussi grave et qui, par leur nombre, étaient aussi appelés à payer la plus grosse part des tributs de sang et d'argent pour le soutien d'une pareille guerre, ne consentiront pas à sortir les mains vides d'une aussi forte crise. Ils sauront conquérir leurs nouveaux rangs dans l'armée ; ils sauront agrandir leurs hustings dans la mesure du vote qu'on leur a demandé. Ces résultats, en sens contraire des intentions, prouveront tout ce qu'il y avait de faux et de mauvais dans les calculs.

Mais revenons à la position de l'Angleterre vis-à-vis de l'extérieur, et continuons le récit de ses variations.

VARIATIONS POLITIQUES DE L'ANGLETERRE. — POLITIQUE
D'INTÉRÊTS SANS PRINCIPES DE CONSCIENCE.

La série des événements qui se sont succédé depuis l'année 1821 et que l'on ne peut aujourd'hui qu'indiquer sommairement, tant ils ont déjà pâli en face de ceux que nous voyons se dérouler devant nous, montre les pas rapides que fit l'Angleterre dans sa nouvelle carrière. Ces variations se suivent sans cesse : ainsi on la vit, dans l'affaire des Grecs, être animée de l'enthousiasme le plus classique en faveur de cette Grèce qui avait su produire par son génie l'époque de la plus brillante civilisation qui ait jamais existé. Les musulmans, déclarés indignes d'habiter un sol qui avait été aussi éclairé, aussi libre, furent condamnés à être bannis de l'Europe. Les Turcs, disait-on, étaient des sauvages, des barbares, maîtres impitoyables des populations chrétiennes qu'ils tenaient courbés sous le poids des lourdes chaînes de leur domination.

L'Angleterre, qui avait été entraînée par les premières lueurs de la révolution grecque, voulait alors faire marcher de front la restauration des Grecs et le bannissement des Turcs. L'esprit public fut mis en mouvement dans toute l'Europe pour amener la réalisation de ces projets.

Mais, au lieu d'un large travail de renaissance qui se

faisait ouvertement dans tout l'Orient et contre lequel les Turcs n'avaient aucune prise, car c'était la lutte au grand jour de l'intelligence contre l'ignorance, les philhellènes substituèrent l'hétairie et ses conspirations. Dès ce moment, les Turcs virent sur qui ils avaient à frapper : ils ne manquèrent pas de le faire, Dans cette lutte de la force ils devaient avoir l'avantage. Les massacres furent horribles. On intervint pour les faire cesser. Mais l'enthousiasme s'éteignit dans le sang qu'on avait vu couler.

Pour sauver l'honneur de leur intervention, les trois puissances prirent la résolution de constituer un État grec. Ce n'était plus une renaissance, c'était une nouvelle création ; on lui donna les proportions de l'enfance. Ceux qui l'avaient créé et mis au monde, voyant cependant que l'enfant commençait à s'agiter dans son berceau, étouffèrent en lui le germe de son développement ; ils se mirent à décréter *que cet enfant ne devait pas grandir.*

On est certainement libre de laisser un peuple gisant sur la grande voirie que son histoire lui a faite, triste et trop solennel monument de ce qu'il y a de périssable dans les destinées de l'humanité ; mais on n'est pas libre de venir l'y galvaniser , de le rappeler pour ainsi dire à la vie, de lui rendre ses sensations, de faire battre son cœur, de réveiller sa pensée, de lui apprendre ce qu'il a été, de lui donner le regret de ne l'être plus et de l'exciter à sa renaissance, et quand ce peuple se lève et qu'il dit : « Grâces vous soient rendues, je me sens renaître à la vie ; j'ai le pressentiment de toutes les nouvelles joies, de toutes les nouvelles gloires qui me sont réservées; tendez-moi la main, je redeviendrai grand comme je l'ai été, je régnerai là où j'ai régné ! » on n'est plus libre alors de lui retirer l'appui de cette main, on n'est plus libre de lui dire, comme on le lui a dit : « Sois satisfait; nous t'avons rendu toutes les facultés de la vie, mais tu ne dois en jouir que sur le terrain des tombeaux au milieu desquels nous t'avons trouvé. »

Voilà cependant ce qui a été fait; c'est cette espèce de mise à mort morale qui, depuis cette époque, a frappé d'une triste stérilité toute la question gréco-orientale.

Les hommes n'ont pas la faculté de créer un peuple; un peuple ne peut s'engendrer que de son propre sang; il ne peut se former et grandir que par le mouvement de sa propre vie, par l'activité de sa propre intelligence; l'intervention des hommes doit se borner à protéger ce mouvement, en éloignant tout ce qui pourrait l'empêcher. Mais cette vie d'emprunt qu'on donna à la Grèce, parce qu'on voulait faire plus vite que ne le pouvait la nature, on ne lui permit pas même d'en faire usage.

L'histoire dira les péripéties singulières par lesquelles ont eu à passer, bon gré, mal gré, les destinées des Grecs modernes; mais elle ne pourra peut-être pas en indiquer les causes; car la météorologie politique est bien plus obscure que ne l'est la météorologie physique, à laquelle tout le monde travaille de concert à donner la base d'une science, tandis, au contraire, qu'on cherche toujours à voiler les courants opposés si imprévus qui viennent agiter l'atmosphère politique. On cherche à les voiler, ces courants, parce qu'ils sortent des antres obscurs dans lesquels se retirent les mauvaises passions qui n'osent pas s'agiter au grand'jour.

Peu d'années venaient à peine de s'écouler que l'on vit en Angleterre un autre enthousiasme succéder à celui qui venait de s'éteindre.

Quand on veut agir sur l'esprit public, on ne peut jamais y parvenir qu'au moyen des sentiments qui seront inspirés aux masses. Les intérêts seuls ne sont pas de nature à pouvoir jamais produire un mouvement général, car ils changent de nature à mesure qu'ils montent ou qu'ils descendent, et ne produisent donc jamais un effet qui serait général et simultané.

On fit donc, pour parvenir à son but, du sentiment en faveur des Turcs, comme on en avait fait en faveur des Grecs.

Ce second mouvement de l'esprit public fut diamétralement opposé au premier. Cette variation prouve qu'il n'y avait dans ce grand mouvement de l'esprit public rien qui se rattachât à ces principes stables qui ne peuvent avoir leur racine que dans la conscience.

Il y a donc eu, dans ces grandes et importantes circonstances, *politique d'intérêts sans principes de conscience*; ce qui explique l'extrême mobilité de l'époque.

Une autre variation qui porte le même caractère, mais plus particulièrement restreint aux intérêts de l'Angleterre, se retrouve dans les affaires de l'Égypte. Là sont venus quelquefois des rêves se mêler aux réalités.

Il s'agissait cette fois d'un empire de race arabe à substituer à celui de la race turque; puis, quand les Turcs redevinrent en faveur, la perte de Méhémet-Ali fut résolue. Il avait trop montré sa volonté de rester le maître des moyens de transport à travers l'Égypte et de ne faire à l'Angleterre, pour les facilités de ses communications avec les Indes, que les concessions qui ne porteraient aucune atteinte ni aux droits de sa souveraineté, qu'il travaillait à établir, ni aux intérêts qu'il voulait créer.

Pour réunir en un seul trait l'idée des contradictions de la politique qui fut suivie envers Méhémet-Ali, il suffira de faire observer que, parmi tous les hommes puissants que vit naître l'islamisme, il fut le premier qui se fit le protecteur des chrétiens, qui les appela en Égypte, qui leur confia l'éducation de son pays; qu'il y introduisit les arts et les sciences, qu'il fonda des établissements de sûreté publique tels que, dès lors, on entre en Égypte, on s'y arrête, on y voyage avec un degré de sécurité que l'on ne trouve pas toujours dans tous les États de l'Europe, et que, cependant, c'est contre cet homme que l'Angleterre parvint à former *une coalition chrétienne* qui lui enleva la puissance qu'il avait conquise.

On peut bien discuter la valeur des intérêts qui furent alors mis en jeu; mais on n'y trouve certainement aucune trace de principes de conscience.

Les tables d'airain des Euménides ont conservé comme des faits à la charge de l'Angleterre :

1° La prise de quatre frégates de guerre espagnoles, escortant les riches galions du Mexique, qui, depuis plusieurs années, n'étaient pas arrivés en Espagne. Elles furent prises en haute mer et en *pleine paix*, par la marine anglaise, sous le prétexte de ne pas laisser à l'Espagne cette riche cargaison, dont elle eût pu se servir, comme alliée déjà soumise et dévouée à la France, pour faire, peut-être prochainement, la guerre à l'Angleterre.

2° Vint ensuite, peu de temps après, la tache plus large et plus noire du bombardement, *en pleine paix*, de la ville de Copenhague, de l'incendie de tous ses établissements maritimes, et de la flotte prise et menée captive en Angleterre.

3° L'amiral Duckworth vint, *en pleine paix*, violer les Dardanelles; il devait se diriger sur la pointe du Sérail pour y dicter au Sultan la volonté de l'Angleterre. Un des héros de la marine anglaise, jusqu'alors justement célèbre, sir Sidney Smith, à la tête d'une partie de cette flotte, trouvant une escadre turque embossée dans la mer de Marmara, et ne voulant pas continuer sa route vers Constantinople en la laissant derrière lui, la somma d'amener son pavillon; sur le refus du commandant turc, il la fit incendier en accordant aux équipages turcs seulement le temps d'évacuer leurs bâtiments.

4° On ne connaît que trop l'incendie de Navarin. Un

amiral anglais remorquant à sa suite deux flottes alliées, vint, *en pleine paix*, brûler et couler bas tous les vaisseaux turco-égyptiens à l'ancre chez eux. Tout y périt, hommes et vaisseaux.

Les faits que nous venons de rappeler à la charge de l'Angleterre, bien que séparés les uns des autres par des espaces de temps plus ou moins longs, et dans des situations bien différentes les unes des autres, se ressemblent cependant tellement dans leur mode d'exécution, qu'ils se rattachent nécessairement à un système fortement arrêté.

Ainsi l'Angleterre, de propos délibéré, et comme par suite d'une maxime d'État à son usage particulier, a voulu, dans chacune de ces circonstances, se mettre au-dessus du droit des gens. C'était chaque fois une mesure d'exécution contre une force qui pouvait, éventuellement, devenir une force ennemie de l'Angleterre. Or ce système n'était pas une vaine théorie : on en trouve une sourde et fréquente application dans la série des événements politiques qui ont eu lieu depuis le congrès de Vienne.

On se tromperait fort si l'on croyait qu'en réunissant ainsi dans un seul cadre des faits séparés, nous ayons voulu écrire un libelle contre l'Angleterre. Une pareille intention est loin de notre pensée. Nous visons plus haut. Nous avons voulu mettre en évidence une pensée morale qui devrait se trouver en première ligne dans l'esprit de tout peuple politique.

L'Angleterre tout entière, le peuple comme le gouvernement, prend le verbe si haut dans ces sortes de matières, qu'elle n'a aucun droit de se plaindre si nous avons cherché à montrer la différence qu'il y a entre ses paroles et ses actions ; et nous invoquons, à cet égard, le sentiment de réprobation que l'Angleterre elle-même a si hautement et si énergiquement manifesté après l'occupation des deux principautés danubiennes par l'armée russe, *en pleine paix*.

Y a-t-il donc des poids et des mesures différents dans le droit des gens ? Nous ne demandons qu'une chose à l'Angleterre : c'est qu'elle sache se faire à elle-même l'application des principes dont elle prend la défense avec une si grande énergie.

L'Angleterre a cherché, dans quatre des circonstances que nous avons citées, à prouver son droit, mais sans succès ; c'était impossible.

La Russie, au contraire, dans cette dernière circonstance, n'a jamais dit qu'elle eût le droit de faire cette occupation. Elle en courut les risques ; elle voulut la maintenir ; l'honneur n'exigeait pas qu'elle y restât, mais son orgueil recula devant l'évacuation. La guerre s'en est suivie.

Cet exemple et les suites qu'il a eues prouvent la règle établie et prouvent en même temps son extrême importance. Cette preuve coûte cher à tout le monde. Il faut désirer qu'elle porte de bons fruits au profit de la morale des peuples.

Ce ne sont cependant pas des conventions humaines

qui pourraient y parvenir si elles ne se rattachaient pas à cette conviction de la conscience, à laquelle il faut savoir obéir pour régler les destinées des nations, comme tout le monde est depuis longtemps convaincu qu'elle doit régler les destinées individuelles.

CONCLUSION.

En effet, point de paix entre les hommes sans l'empire de la conscience individuelle ;

Point de paix entre les nations sans l'empire d'une conscience collective pour chaque peuple.

Aucun lien de confiance ne pourra exister ni entre les hommes, ni entre les États, aussi longtemps que subsistera cet incompréhensible dualisme d'un homme qui, dans les relations privées se trouve lié par tous les devoirs de sa conscience, mais qui ne reconnaît plus aucune des règles de sa propre conscience dès qu'il s'agit des affaires publiques.

L'histoire parvient toujours, tôt ou tard, il est vrai, à faire justice des hommes puissants qui n'ont jamais reculé devant des actes de duplicité ou de mauvaise foi, dès qu'ils y trouvaient des avantages pour leur position personnelle, ou pour servir à leurs fins politiques. Mais cette justice, trop tardive, qui ne prononce ses arrêts que d'après des preuves d'archives restées longtemps ignorées, n'indemniserait plus les contemporains qui ont été les victimes de cette absence de conscience.

La trop grande, et surtout la trop hâtive publicité augmente de nos jours les difficultés qui ne surgissent déjà que trop naturellement de la complication des intérêts et des affaires d'État. Les partis exploitent tous cette publicité au profit de leurs passions ; et en face de l'ardente activité de l'esprit de parti, ne voit-on pas toujours et partout l'esprit de justice rester muet ? C'est la conscience publique qui devrait lui servir d'organe, et cet organe n'existe nulle part.

Ce travail qui a pour objet de montrer cette lacune n'est donc à l'adresse de personne, mais à l'adresse de tout le monde. C'est une question de conscience que nous avons posée ; le genre humain doit en avoir une, et, pour qu'il en ait une qui puisse parler, il faudrait savoir lui donner l'organe de la parole.

Au moment où cet écrit venait de se terminer, nous sont arrivées des feuilles publiques des premiers jours de janvier 1856, qui donnent la nouvelle suivante :

« L'affaire du colonel Türr, arrêté à Bucharest, a cessé d'être un objet

« de correspondance diplomatique. Le cabinet anglais avait remis cette
« affaire à l'examen des jurisconsultes de la couronne. Cette commission,
« composée des plus hautes autorités judiciaires du pays, a déclaré que
« l'Autriche avait eu le droit de faire cette arrestation. »

Nous citons ce fait, parce qu'il se rattache directement à la nature de la
question que nous venons de traiter.

Pour ce cas spécial, qui était un cas criminel, le cabinet anglais a su
trouver l'organe de la conscience publique. Il l'a trouvé, parce qu'il en
avait besoin pour lui-même. Il s'était compromis en laissant l'opinion publique se déchaîner avec tant de violence à l'occasion de ce fait, qu'il prit le
parti, plutôt que de paraître complice, de se montrer ignorant comme l'avait
été le public, et de se soumettre au verdict de cette commission, qui ne
pouvait cependant avoir reçu toutes les pièces de conviction que par le gouvernement lui-même.

Mais enfin, pour une cause qui était criminelle, le gouvernement a cru
de son devoir de consulter des jurisconsultes ; cependant, comme l'esprit
d'un tribunal de justice ne peut pas être appliqué à des conflits de droit
public, n'est-ce pas alors à l'esprit d'équité qu'il faudrait en appeler ? Ce
sont des hommes d'équité qui devraient, dans ces sortes de cas, être appelés
à donner leur avis. Ils seraient les organes de la conscience publique et
donneraient au gouvernement la force qui lui est nécessaire pour résister
au mouvement que les formes libres de l'Angleterre donnent le droit à tout
agitateur quelconque d'imprimer à l'opinion publique.

Venise, ce 12 janvier 1856.

FIN.

TABLE DES MATIÈRES.